U0032529

改變一生的相逢

——徐重仁對工作與生活的觀想

徐重仁◎口述　王家英◎整理

序一

找尋工作成就與生活滿足的智慧

統一企業董事長　高清愿

事業經營了這麼多年，最讓我得意的事情之一，就是創立了統一超商——這家不但經營績效卓越，又廣受社會大眾稱讚的公司。統一超商之所以可以經營得那麼成功，受到顧客的歡迎，除了我們當初對這個事業的眼光與堅持，更重要的是，該公司總經理徐重仁先生對這個事業的全心投入，帶領整個團隊，不斷創新、追求卓越的精神。

我常說，總感覺統一超商培養了許多人才，每當有新事業成立需要專業經理人時，便能找到獨當一面、扛起責任的經理人才。相信是徐總經理營造了一個學習的組織氣氛、鼓勵部屬們發揮的空間和舞台，讓人人都是人才。

本書的另一位作者——《經濟日報》王家英小姐，個人過去在許多場合也接受過她的採訪，她對相關產業的深入了解與精闢見解，每每能在《經濟日報》上看到她精彩的報導文章。

本書結合了徐重仁先生的經營智慧，與王家英小姐的文筆，相信透過這本書，能讓年輕人找尋到工作的成就感與生活滿足的智慧；能讓企業的經營者體現如何帶領經營團隊，以卓越的經營績效對股東有交代、以更好的商品服務滿足顧客的期待。

序二

工作如生活，生活似工作

聯廣公司名譽董事長　賴東明

人是爲生活而工作？抑或爲工作而生活？

大凡衆人均會說是爲生活而工作。因工作而有錢，有錢才得以生活。

但，也有少數人是爲工作而生活。因生活而有心，有心就來推動工作。

統一超商總經理徐重仁先生將出版新書，在本書中暢談工作與生活。有幸先讀其出版前的文稿，更有幸受邀爲新書寫序。

徐重仁兄的工作是經營統一超商公司，管理三千五百家店的業務，更負責三十多家投資的子公司之營運，工作可謂相當繁重。

而徐重仁兄的生活卻也豐富，如其信仰生活、讀書生活、旅遊生活、社團生活等，應是多采多姿。

徐重仁兄從事工作，眾人因統一超商的提供服務，而獲得生活上的方便。

徐重仁兄觀察生活，個人因觀察眾人生活，悟出心得智慧，而有工作上的成就。

這是一個循環。個人從事工作，使眾人獲其方便的生活。眾人的生活，使個人悟道而推動工作。善因得善果，善果成因再得善果，因果循環，所以這是善的循環。

徐重仁兄具有善根慧眼，佛在其心中。在工作上，他尊敬「祈禱的經營」，在生活上，他尊奉「種善的人生」。

工作，不僅滿足個人的欲望，也成全眾人的欲望；生活，不但滿足個人的享受，也促進眾人的享受。本書不談道理，而此道理卻處處明顯；這就是徐重仁兄的修性超凡所在。

本書未將工作與生活隔開，而讓人感受工作中有生活，生活裡藏工作。這種心態，實在值得人人學習效法。

別再朝九晚五是工作，晚五朝九是生活了！要如統一超商的二十四小時都是工作如生活，生活似工作。如此才能領會本書眞意。

信念

徐重仁

幾年前公共電視台決定製播「人間四月天」，我雖並不特別喜愛徐志摩的文學作品，但看到當時代的人如此堅持當時代不被接受的理念，心裡總有一種莫名的感動；因此，我那一陣子，特別抽出時間來看了這一部文學大戲，對於劇中許多細膩的鋪陳，有很多感觸。

人生當然並不只有情愛而已，但在情愛之下延展而成的視野，卻可以無限寬廣，有許多原來意想不到的可能性。

已故的日本DUSKIN駒井茂春會長曾說，經營事業並不只是爲了賺錢而已，而是在造福社會；我也希望建立一個能夠「創造幸福」的事業，畢竟人生不僅有嚴肅的企業經營管理，企業的經營管理，也不僅止於硬梆梆的理論與制度，文學、藝術、戲劇、電影，甚至平凡生活裡，就有很多可以擷取的知識和經驗，可以豐富我們的心靈，甚至提升自己的視野與胸襟。

在我的人生中，不斷地受到一些很好的影響；在我徬徨茫然無助的時候，總有一些聲音，幫助我成長、度過人生中的混沌。

經營7-ELEVEN將近三十年，加上後來衍生發展的統一流通次集團，這中間難免有起有落，我在今日再一次檢視這個被認爲幾乎耗費我人生最精華階段的事業，心裡有很多感謝。

我不認爲它用掉了我人生最精華的階段，因爲我認爲，人生的精華並非只局限在某一段時間裡面，人生的精彩是可以無窮盡被創造的。

日本清掃學會創辦人鍵山秀三郎先生說過，平凡事如果可以做得徹底，也可以創造出精彩非凡的成績。我並不是一個天才型的企業經營者，但我經常期許自己，要讓每一個踏出去的腳步，都能沉穩地烙印出痕跡；我也以此和同仁共勉，時時「以寫歷史的心情，做最精彩的演出」。

人生不能重來，但每一次認眞和專注的投入，都會爲自己寫下新的紀錄。

創新是企業長存不變的路，近來興起的「紫牛」意識流，其實和台灣7-ELEVEN一直以來「追求卓越」的經營理念是一致的。個人和企業一樣，不論資質和職位如何，只要有堅持追求卓越的理念，就可以讓自己不斷突破成長。

我從小就不是在學習上有特別出色表現的人，但我也始終認爲，爲了有出色的表現，即使必須比別人多花幾倍的力氣，也在所不惜。這就是一種熱忱、認眞和專注的態度，它能使人產生動力，動力則是讓自己朝「卓越非凡」邁進的第一步。

很幸運的是，在我努力追求卓越的過程中，不斷受到許多人的提攜、鼓勵和協助；正因爲自己幸運地獲得了許多機會，我也希望能夠提供更多機會，並將自己的經驗分享給更多人，尤其希望能讓年輕人在思考未來的時候多些幫助。

我常看到許多社會新鮮人，在初入社會時感到惶惶不安，在適應工作時感到苦惱及茫然。我的孩子也初進入社會，開始跌跌撞撞地面對全新的考驗和挑戰，做爲一個父親，我其實也很焦急，除了關心之外，更希望能從旁給予一些方向的指引。我過去的成長經驗，或有一些可供參考之處。

但在「給」的同時，實際上，我也從不同的年輕人身上看到了無止境的生命力，感受到了快速變遷的社會潮流，同時從中獲得了另一個成長的契機。

雖然這本書中絕大部分都是有關企業經營的理念，但裡面提供的思考角度和學習態度，和我希望傳達給年輕人的，其實是共通的。

我始終相信，不管在什麼位子上，只要每個人盡自己最大的努力，這個世界就會變得更好。我不知道自己能夠影響多少人，但我衷心地希望，盡力將我曾經獲得的、領受到的，傳遞給其他人，透過這些人，再傳遞給更多的人……。

我從小在書店的環境下成長，書，對我的一生，始終占有重要的分量，是我思想的啓迪和知識的來源，也讓我從中獲得許多智慧與遠見，對工作與生活，都有莫大的幫助。

我也喜歡做筆記，隨時將所見、所聞、所思、所感、所獲，記錄下來，將近三十多年來，累積下來的筆記，居然也有數十本之多。我衷心希望，有一天能將我在工作及生活中所學習到的、體會到的，分享給更多的人；書，或許是一種媒介，可以更寬廣而綿長地，把這樣一個單純的念頭落實。

正因深知書對人可以產生怎樣的影響力，我也更爲愼重而嚴肅地看待自己第一本書的誕生。也因此，在這本書正式出版之前，決定先以連載的方式，在《經濟日報》上分享這些經驗和心得，希望能引起一些回聲，讓這本書的內涵更有意義，更貼近社會的需求。

這本書能夠出版，特別要感謝《經濟日報》王家英小姐，在百忙之中抽空所做的研究、整理與協助，7-ELEVEN公共事務部經理王文欣小姐的統籌、資料蒐集、整合建議，以及我的秘書蔡岱潔小姐的溝通及提出珍貴意見。

最後，謹以此書獻給我摯愛的母親！

心法

王家英

這兩年，是我人生中一大轉折，平順的生活突起變化，工作壓力愈來愈大，當慣了自由自在的「記者」，多年來整日在採訪工作中打轉，一旦轉換主管職務，有太多的不習慣，也開始忍不住自問：「未來的路該如何走？」

當我還在腳步混亂的適應過程中，一天，爲了皮夾失竊，身分證等所有證件遺失，必須到户政事務所辦理補發手續。在等候的時候，陪同我前往、目前就讀台大地理系的兒子，突發奇想地運用「所學」問我：「媽，您有沒有想過要改變自己的生活，由生命的平原期，再度進入高原期？」

就地理學而言，河流有所謂平原期、高原期，一旦地殼經過劇烈變動，地表會隆起，平緩的河流地形就會再度進入高原期；人生亦然，如果打破現況，生活步調劇變，就有如進入生命的高原期。

當時的我，其實是有些抗拒改變的。我忍不住反問他：「何必破壞現況，讓自己更累？」

他回道：「我只是無法想像，做了一輩子記者的人，如何能甘於靜態的工作或平淡的生活，又如何從中得到前進的動力？」

年輕的他繼續說：「每個人面前都必須有一根胡蘿蔔，否則便缺乏前進的動力。不同的階段，您要的胡蘿蔔也不同，但它究竟是什麼，您必須自己去找出答案。」

如此有哲理的建議，對一個每日忙亂的人是不夠實際的。一轉頭，我就把這番討論暫時拋開。

二〇〇三年五月，認識多年的統一超商徐總經理，決定寫一些「東西」，與社會大眾分享。當他找我談過心中的動機與想法，一起構思文章的主題與架構時，我腦中突然冒出「高原期」與「胡蘿蔔」，難道，這份工作就是我的胡蘿蔔嗎？

當下，有如混沌中出現一道曙光，突然領悟每一次生命與生活的轉折，都有其因緣。因變動而忙亂的生活中，開始有了明確的目標。

接下來，在訪談與寫書的過程中，發生了很多事，我的「正職」工作只有更多、更忙，與徐總合作的寫書工作，可說是在夾縫中擠出來的。

爲了幫助我順利進展，從一開始，徐總就提供多年來他個人的筆記；十餘本小小的記事本，記載著他在統一超商不同階段的許多重要決策過程與會議紀錄，也記載著他聆聽演講或閱讀好書後的重點摘要與心得。

其中最令我訝異與感動的是，他親筆寫下每半年一次、對所有員工的演講內容。

這些內容沒有太多大道理，談的也不完全是工作，反而有許多是鼓勵員工向上、追求人生目標的想法；以他自身的經驗，期許員工不斷自我成長，並且不斷強調企業的社會責任，以及設身處地的爲消費者設想。

這樣的經營者，切實力行自己所說的終身學習，並且眞心關愛周遭的人與事。

在整理訪談紀錄的過程中，我面臨前所未有的工作壓力，跌跌撞撞地嘗試扮演好管理者的角色。每次訪談完，都讓我疲憊、受挫的心靈十分飽滿，士氣大振；因爲，從徐總的身上，我感染到一股力量，那是一種只問耕耘、不問收穫的開闊胸襟；我也學到，如果不能一次解決問題，就得坦然面對，只要開始第一步，就離結果更近一些。

於是，在碰到困難與壓力時，我試著引用徐總的想法、觀念與方法，最重要的是，改變原有的心念。奇妙的是，當我的心念轉變，言談與態度跟著柔軟，原本看似最棘手的問題、不知如何著手的工作，似乎都不再難如登天，而且有所進展，甚至有圓滿的結果。

我終於相信，世上成功的法則，其實都不是什麼高深的學問，最重要的是，建立正確的信念，對自己有信心，並且堅持到底，去實踐、貫徹。徐總教會我的，正是如此，也讓我受用無窮。

本書原以專欄方式在《經濟日報》副刊企管版每周刊登一次，其間回響愈來愈大，兒子有一天對我說：「這就像是一套心法。」因爲，心法是一種基本功，看似平常，卻要扎扎實實地去做，才能體悟、練就，然後才能進階，練習更上乘的功法。

如果生命是一種功課，生活與工作，就是我們必須學習的課題，何妨讓自己樂在其中，成爲一顆良善的種子，以心爲土壤，用汗與淚去灌溉、滋養它……，終有一天，青綠的枝芽會長出，成爲一片繁花茂盛的樹林。

目次

享受活在當下的感動

（攝影／徐重仁）

我們都在創造歷史

前一陣子網路上曾流傳著一封電子郵件，作者是一位高科技公司的工程師到清境農場去玩，看到海拔一千七百多公尺的高山上有7-ELEVEN門市，十分感動，拍攝了許多幀美麗的照片，並在網路上傳閱。

這封電子郵件，對統一超商參與綜合商場開發案的同仁來說，是莫大的鼓舞，有人甚至可能因此興起「創造歷史」的榮耀感。

可見，人人都可以創造歷史，只要抱持一種寫歷史的心情做事，結果往往會留下軌跡，歷史也於焉誕生。

近二十年來，台灣消費者的生活習慣大幅改變，社會和商業環境、面貌丕變。國際化腳步加快，再加上無國界的網路，使資訊交流傳播更迅速，可以預見，未來國人的生活形態也會持續改變。如果能從消費者的角度思考，找出他們目前和未來的消費需求，並設法滿足，就有機會創造歷史。

求學時代，我曾想過要自己開一家超級市場，後來加入統一企業，有機會把國外的便利商店引進台灣發展，如今，7-ELEVEN不但成了許多消費者生活中不可缺少的好鄰居，全台灣的便利商店更多達七、八千家，遍布每個城鎮，提供消費者多種生活便利。參與這個產業發展過程的每一個人，相信都和我一樣，有創造歷史的成就感。

在台灣創造舒適的購物環境，讓消費者自由自在地穿梭在不同商品中，享受逛街和尋寶的樂趣，也一直是我的夢想。

傳統的購物商場或購物中心，往往是一家家商店組合起來，具體的隔間、牆壁和商店大門，往往無法讓消費者在無壓力的購物空間消費，或必須花費更多時間尋找自己需要的商品。

統一超商在因緣際會下，由南二高的東山休息站開始進入購物商場的經營領域。

隨著一個個綜合商場的誕生，我的夢想逐漸接近實現邊緣。其實在剛開始做的時候，也沒有經驗，只想到站在消費者的立場思考，評估當地的環境、商圈需求，全力以赴地規劃、執行，並以寫歷史的心情著手去做。

新事業的投入，對每個參與的成員來說，都是一種學習、挑戰與成長，這也正是工作的價值。

對我們的員工、幹部來說，經營綜合商場的意義，不只是在拓展營運範圍和商機。和原來開設便利商店相比，綜合商場涉獵的範圍更廣，員工感覺上可以做「更偉大」的事，衝勁更足，潛能就會充分發揮。大家共同創造歷史，力量是很可觀的。

經營企業當然必須考慮利潤，但算盤不能打得太精，只要是能力、資金範圍所及，又可以提升國人生活品質和消費水準的，即使沒有太多利潤或僅能打平，也值得投入。

在我看來，車站不該只是車站，購物商場也不只是購物的地方，關鍵在於能否站在顧客的立場思考規劃，讓顧客喜歡經常回來光顧。

只要能做到這點，便能得到顧客的支持，最後不但能讓企業產生利益，創下一些成功的紀錄，也會爲企業帶來更多發展的機會，商機就會像滾雪球一樣愈滾愈大。

理性與感性的平衡

我喜歡利用假日，到不同的商店賣場和休憩場所走走逛逛，一方面調劑充電，一方面增加文化面的觸覺，同時從中了解市場潮流與消費者的需求，經常也都有所穫。畢竟要融入消費者的生活，就必須從生活中比較感性的層面多多觀察、體驗。

最近經常走訪台北市區一些既舊又新的休憩去處，其中包括台北之家、台北當代美術館、紅樓、華山藝文特區等，發現國內新近興起了一股文化消費風潮。

這些更新後的休憩場所，都位在台北市傳統老舊商圈，背後也都曾有過豐富輝煌的歷史故事，成為許多消費者生活與成長記憶的一部分。

隨著商圈轉移、建物老去，它們一度風光不再，但在台北市政府文化局的巧思規劃下，不但風貌重現，適度的與新商業經營模式結合，更賦予它們新的功能與生命。

現在每到星期五的晚上，這幾個熱門的休憩場所，都擠滿了老老少少，年輕人更不少。分析其因，主要是在復古風潮下，舊的東西，經過適度的包裝再生，並與新近流行的商業模式結合，例如台北之家，結合咖啡屋；華山藝文特區則結合前衛的藝文表演活動，所以能夠成功抓住不同世代人的感覺。

年長的人在其中緬懷美好回憶及青春歲月，年輕人則在其中體驗新鮮感、揣摩歲月的痕跡。這些場所愈多，國人生活文化消費水準也會隨著提升。

一〇一金融大樓的興建，象徵台北市的金融、商業重心已朝信義計畫區轉移；台北市政府透過更新再造，讓這些具有歷史紀念價值的建物重生，不但提供國人文化消費空間，也成功的帶動台北市傳統老舊商圈再現生機。從都市發展角度來看，可以說是適度的發揮平衡的作用。

據了解，管理大師彼得‧杜拉克先生每五年就要重讀一次《莎士比亞全集》，他曾表示，從非管理類著作，可以學到更多東西；也有研究指出，要提升社會的創新能力，與其多蓋實驗室，不如多興建美術館、歌劇院、咖啡館。

因爲一個城市不能只有硬梆梆、冷冰冰的建築，必須靠文化來柔軟生活其中的人「心」，創造幸福。正如人生不能只有理性，必須兼具感性。同樣的，工作只是生活的一部分，最重要的是追求美好的感受與品味。

商品亦然，不管外表再新穎，只有功能，沒有設計與創意，也很難打動消費者的心。

前一陣子到西門町的「誠品116館」閒逛，發現其中有不少小店銷售具有創意的商品，價格也不貴；據了解，這個賣場目標客層是十六到二十歲的年輕人，他們喜歡的正是這種具設計感、很酷的東西。可見，商品不應只是商品，必須融合文化內涵，文化也不見得是要很艱深的東西，設計創意就是文化的一部分，就看如何表現在產品上。

要了解消費者的心，最重要的是融入消費者的情境，用感性去體會，找出他們的需求與喜愛，才能開發成功的商品。經營事業，重視理性，強調效率與合理化，但掌握消費者，卻非透過感性不可，如何平衡這兩者，不但是人生的課題，也是企業的目標。

成長來自企圖心

二〇〇三年十月底，我以台灣連鎖暨加盟協會理事長身分，與工商協進會理事長黃茂雄、全國工業總會理事長侯貞雄、全國商業總會理事長王令麟、中小企業協會理事長戴勝通、美吾髮集團董事長兼國策顧問李成家等工商團體代表，共同參與陳水扁總統的欣榮之旅行程。

短短七天的時間，我們旅行了三個地方，從台北、紐約、巴拿馬到安克拉治，氣溫從攝氏三十度到零下二十度，落差極大，所以媒體稱之爲「三溫暖之旅」，倒是相當貼切。

此行參訪的國家之一巴拿馬，人口才兩、三百萬，巴拿馬運河的收入，一年可達九億美元，幾乎是該國大部分收入來源。巴拿馬運河寬度不大，僅容一艘貨櫃船進出，而且深度不一，主控室必須透過閘門的開啓關閉，引進水流，讓船隻慢慢通過，所以運河走一趟需要九個小時。

單就這點來看，要在當地發展零售業，目前仍言之過早。大企業在當地投資機會不多，但中小型製造業，憑著台灣的生產加工技術，以有限的資金和資源，以及勤奮打拚的創業精神，在當地仍有競爭機會。

在阿拉斯加州的安克拉治時，我們一行搭乘有透明車頂的極光列車遊覽。當地政府還特別用心規劃，依漁牧、農產品、能源發展、商業等不同產業類別安排車次，把握機會讓當地工商業者，與我國各個不同的工商團體代表進行深度交流。

因此，在極光列車上，我和其他幾位我國工商團體領袖一樣，也被當地商人團團包圍，頻頻詢問有關到當地投資發展的計畫。其中更有一位當地業者，做足了功課，從統一超商網站下載了厚厚一大疊資料，並詳細提出可以合作的事業和商機，展現強烈的企圖心。

這也讓我深深感受到，企業的成長來自經營者的企圖心，更重要的是要蓄積實力，機會才會上門。國家也是一樣，國際地位和國力要靠經濟力，台灣只有戮力加強經濟發展，提高經濟實力，才能增強國力。

因此我也在行程最後的座談會中向陳總統建言，回去後政府應積極設立專案小組，針對這次參訪中所學習到或可供國內借鏡之處，以緊迫盯人的方式，專人專責來執行並持續跟催，才會有實際的效益。

過去，總統出訪陪同的工商團體代表，鮮有來自連鎖流通服務業的。這是第一次，也顯示政府開始重視商業服務業的發展，以及業界的聲音，在服務業產值和從業人口占比已提高到六成的今天，這也是一種經濟政策趨於務實的表現。

不論國際景氣和環境如何變化，與這塊土地上人民生活息息相關的民生消費服務業，是不會外移的，只要能持續提升，這個市場商機誰也奪不走。在走出去的同時，我們也要同時好好經營眼前的市場與事業。

營造美好的台灣新體驗

二〇〇四年三月，我想安排一些日本友人來台觀光，讓他們有一次不同於以往的「美好台灣之旅」。

這些日本友人，包括已過世的日本DUSKIN駒井會長的夫人，及DUSKIN的資深加盟主們，總共有十幾位，年齡都在五、六十歲以上。他們都曾來過台灣，對此地並不陌生，如何規劃一趟富有新意，又方便舒適的旅行，可要費一番心思。

在思考的同時，我不禁想到，除了帶他們去故宮博物院、華西街、忠烈祠、鼎泰豐等，還有什麼地方可安排，我們是否可以營造出類似「購物天堂」、「美食天堂」、「地方景點」的觀光誘因，吸引國外旅客特地前來，而且一來再來。

政府推動觀光客倍增計畫不遺餘力，但實際上，台灣的外國觀光客人口正逐漸流失；過去日本觀光客是台灣觀光市場主力，如今日本來台觀光人口已減少三成。

除了政府主導推動，規劃有魅力的主題，改善硬體措施；民間企業、甚至個人，都可以發揮一己之力，以辦活動或邀訪的方式，增加外國友人來台的機會與頻率。

在日本，高中生畢業旅行是一個很大的市場，隨著國際化，這些高中生畢業旅行的地點，由日本國內逐漸向海外延伸，香港、韓國、中國大陸都可看到他們的蹤影。這些年輕客層，值得我們用心創造一些觀光話題，包裝出多元化的旅遊產品，好好耕耘。

台灣其實有「觀光立國」的條件，全台各地都有好山好水，而且已發展出深具地方特色的美食文化。在持續改善硬體和交通建設的同時，只要能把這些天然資源，結合觀光旅遊服務，持續創造新的話題和活動，自然可以吸引觀光客前來，並增加停留時間。

不論是香港、泰國、日本、美國或歐洲等國家，許多人都是一去再去也不厭煩。原因就在旅遊產品內容夠豐富，有許多變化可以選擇，使每一趟旅行都可以不一樣。

在創造觀光話題方面，必須有計畫地去做，配合國家的城市和鄉鎮發展策略，通盤規劃，同時推出配套措施，而不是想到哪、做到哪。

日本博覽會曾在琉球舉行，其實這是日本政府爲了推廣琉球這一類偏遠地區經濟，有計畫的行動之一。

台灣各地的好山好水，結合地方經濟、產物、小吃、風土文化，可以包裝成多采多姿的旅行內容。甚至連城市旅遊行程，都應持續添加新鮮的元素；傳統服務升級也有加分作用，微風廣場地下一樓的腳底按摩就是一個很好的例子。

二〇〇三年十月隨陳水扁總統訪問中南美時，在巴拿馬政府的歡迎國宴上，雖然晚餐一直拖到十一點才開始，但現場的布置和活動安排，卻非常有特色。

晚宴在當地的大會堂內舉行，一個個大型燈飾自屋頂垂墜而下，把偌大的空間點綴得熱鬧非凡、五彩繽紛，與當地婦女穿著的西班牙風味傳統服飾，相映成趣，組成一幅鮮明的印象。

巴拿馬主要的經濟命脈，就是一條六十公里長的運河，論觀光和文化資源，遠不如台灣，我們可以開發的空間實在很大，創意、規劃和執行力是關鍵。

十多年前，我應邀到瑞士去參加一場全球零售流通研討會，如今回想，會議內容已無太多印象，但場景和過程卻歷歷在目，令人回味無窮。

這個研討會在市郊的一片樹林中舉行，會場是一座可以容納五、六百人的大型白色帳篷，夜幕低垂，晚餐開始，綠色的樹林裡亮起紅色的光，這種精心設計出的色彩對比，營造出一種極爲特別的氣氛。

創意包裝和視覺美感，是台灣城市比較欠缺的一部分。這應該也是打造美好旅程的要件吧！

全力做最精彩的演出

日本出版了一本由「世界第一職人」——岡野雅人著作，名爲《沒關係、別人不做我來做》的暢銷書。

不要以爲這是某位名人的傳記，其實岡野雅人只不過是一位擁有金屬加工專業技術的小企業老闆。憑著這個技術，岡野雅人開了一家小商號，生意好得接不完。

這並不完全是因爲他的技術特別好，而是因爲岡野雅人「不挑工作」的熱忱，即使別人不放在眼裡的小案子，他也做得很認眞、很高興，因此累積出有口碑的商譽與源源不絕的訂單。

最特別的一個例子是，一位客戶要求開發一種打針時不會讓人疼痛的針頭，其他同業都認爲不可能而拒接這筆生意，但岡野雅人還是接了下來。在研發的過程中，岡野雅人絞盡腦汁，後來想到「蚊子叮人時，不見得會痛，事後癢了才有感覺」，終於成功設計出一種超微細的針頭，讓客戶十分滿意。

這個平凡人的故事，傳達的是一種「活在當下、努力去做」的精神，卻足以讓一般人燃起一股生命的力量，興起見賢思齊的念頭，甚至採取行動，這也是該書暢銷的原因。

從前有一位企業經營者曾在一次演講中舉例說道，他有一次到德國洽公，搭乘一位五十三歲、即將退休的德國司機的車。德國司機在途中很自豪地對他說，他開了三十一年的車，沒有被警察開過違規罰單，而且很會保養汽車，一生只汰換過三部車。

像德國司機這種兢兢業業，並且對自己工作感到驕傲的精神，實在令人佩服，而這也就是一種成功與成就。

日本皇帽汽車百貨創辦人鍵山秀三郎先生，來台參加統一超商二十五周年的活動時，也特別闡述了他的清掃哲學與凡事徹底的精神。他提到，平凡事如果可以徹底化，也可以創造出精彩非凡的成績，甚至影響世人起而效尤。

「十年有成、二十年令人佩服、三十年留名歷史」，這就是鍵山先生持續清掃廁所的結果。

日本NHK曾拍攝一個中國大陸廣西省郵差的故事，他靠著兩隻騾子，每天翻山越嶺地服務村民，無怨無悔。有人問郵差爲何如此投入，他說，因爲每個村民都在等他送信，期待他捎來親人的消息或禮物，不識字的村民也仰賴他讀信、寫信，看到每一次自己的到達，都受到村民熱烈的歡迎，爲他們帶來無比的歡樂，這股力量讓他不斷往前走。

這些平凡小人物的故事，都印證了我平常勉勵同仁「以寫歷史的心情，做最精彩的演出」的想法。

不論身在什麼工作崗位，都不宜輕忽自己的重要性。凡事全力以赴、全心貫注、全盤掌握，即可產生最佳表現，小則可能提高顧客滿意度，或破企業內部的營業紀錄，大則或許能改寫產業歷史。這樣的成就感，不正是工作與人生追求的最高目標嗎？

回顧統一超商過去的二十五年，也是如此走過來的。我一直堅信，只要每個人安心認份，恪盡職守，朝一個共同的目標整合力量、發揮團隊精神，未來機會仍是無窮的。

因應變革，順勢而為

大約四年多前，我寫了生平第一封電子郵件給統一超商全體員工，大家收到時都嚇了一跳，有些員工還以爲是有人惡作劇。

我八十多歲的老母親，經常利用「宅急便」的服務，寄些家鄉的美食給我品嘗。除了感念媽媽的愛心，我更欣喜現代新興服務業的威力，連老人家都可以接受，可見這種商業模式有其市場需求。

前一陣子受SARS影響，許多國外合作、參訪計畫都暫停，但有些合作案卻不能不進行，我們與日本NEC的合作簽約儀式，只好以視訊會議方式進行。這在統一超商多年與國外合作的經驗中，還是第一遭。

這些例子，顯示在這快速變革的時代，環境變化之快速多元，已超乎人們的想像。消費潮流也如潮水，來得快、去得快；面對這些變動，沒有一成不變或標準的法則，如何因應調整，順勢經營，對個人和企業同樣重要，也是一大挑戰。

所謂順勢經營，就個人而言，包括第二或第三專長的培養，不斷自我充實，重新規劃生涯等。以我個人爲例，雖然日文是我比較熟悉的第二外國語，但數年前，深感在國際化的過程中，英文的重要，所以就強迫自己每天閱讀英文報。另外，也養成每天至少閱讀三十分鐘書籍的習慣，讓自己不斷充實、成長，擴大眼界、保持靈敏觸角。

對企業而言，順勢經營，除指組織調整，新商品或服務的開發，更涵蓋企業經營和投資策略的調整。企業尤其必須經常思考，投資的目的何在，當這個目的消失後或不再重要之後，就該調整投資策略或腳步。

統一超商的組織分分合合，因應營運需求的變化，盡量保持變形蟲般的彈性。轉投資事業，也從過去的快速增加，而變成須重新整合，非核心經營的事業，就盡量降低持股，而由可信賴的合作夥伴經營，讓自己更專注本業，創造更好的經營效益。

這一切的轉變，其實都是回歸原點思考的結果。

不論是組織的變革、投資新事業，其實當初都是爲了讓運作更有效率，把事情做好，這些想法從今天的角度來看，也沒有不當之處，實際上也都達到當初的目的。但這樣還是不夠，到了適當時候，就必須重新檢視，思考下一步該如何做，才能更符合企業和環境的需求，創造更大的效益。

最近台灣許多企業也開始展開企業分工或分割的動作，這也是一種大企業因應環境變革的作爲。

在競爭激烈的環境中，很多企業消失，或由盛而衰，主要就是因爲沒有及早應變，而且都拘泥於大企業的經營「格局」或架勢，沒有保持小企業的創業精神所致。

對許多歷史悠久或有輝煌戰績的企業而言，要再創造經營奇蹟的關鍵，就是運用變革注入活水。

所以，我常提醒員工，「過去可行的，今天不一定能行得通。」在日常生活中，過著不知不覺生活的人，是沒有成功機會的，企業亦然。如何對變革敏感，及早調整，做個先知先覺的人或企業，是生存的第一課題。

保持快樂的心境

由於SARS的關係，二〇〇三年上半年統一超商營業利潤雖然超過目標，但營收略受影響，營業單位同仁壓力都很大，所以在開會時，當我問大家工作是否快樂，回應的是一片沈默。

其實，我最關心的不是同仁是否達成業績，而是營造一個「幸福」的企業，讓每一位同仁愉快地生活，並且在自己的崗位上快樂地工作。利潤是企業永續經營的基本要件，但造福社會大眾則是企業的天職。對個人而言，工作謀生賺錢也是必要，但最重要的是，每天是否過得快樂。而快樂與否，不能完全受外在環境和境遇左右，關鍵在運用正面思考，轉換心境。

人生有如搭火車，中途會經過許多車站，不時也會進入隧道，面臨黑暗或逆境，但是出了隧道，就會柳暗花明又一村，有新的機會。

人生又好比學校，其中無數的難關和考驗，正如學校的各種考試，只要事前努力用功、充分準備，臨場只要從容應對即可，成敗反而在其次。

所以要經常保持正面思考，凡事盡力而爲，即使沒有達成目標，也不會有太大的遺憾。面對逆境時，我常告訴自己，沒有解決不了的問題，天總不會塌下來，與其浪費時間擔心憂慮，不妨盡力思考是否有突破困難的方法，大家同心協力去克服。

像SARS這種外在因素的衝擊，固然不是企業或個人力量可以控制，但至少大家可以攜手合作，努力讓傷害降到最低的程度。以統一超商門市爲例，SARS期間，加盟店擔心業績減少，營業單位主管就更加用心輔導加盟主和門市人員，加強顧客關係和商店形象，而不是任由門市人員不擇手段的追求生意上門，或甚至在門市前面擺起地攤，破壞門市形象。

有人問我，帶領統一流通次集團三十二家公司，肩負總營業額一千六百億元的重擔，其中還有一些公司是虧損的，是否會有壓力？壓力當然會有，問題是如果每天都背負著壓力，惶惶不可終日，生活自然沒有快樂可言。

曾經在一本書上看過招來幸運的五大秘訣：

一、即使失敗了，也要對任何事抱持正面樂觀的看法。

二、不悲觀、不喪氣，確信「好事會再來」。

三、比別人加倍的努力。

四、自認運氣很好，並且要說出來。

五、對一切人事物抱持感謝心情。

在日常生活和工作上，我努力去實踐這些秘訣，盡量正面思考，睡眠充足，多讀書，學習別人的長處，從不斷的嘗試中，找出最好、最合適的方法。面對困難或惡劣環境，更要穩住陣腳，表現出信心，帶領同仁繼續向前走。

還記得二〇〇二年九月二十六日，統一超商在花蓮舉辦菁英加盟主的表揚大會時，由於當天天氣很不穩定，大家都擔心原本露天的晚會可能會泡湯，所以做了萬全準備，一旦下雨就改在室內舉行。

當時我卻信心十足地告訴大家，「別擔心，晚上一定是好天氣，不會下雨。」有同事問我爲何如此有把握，我說：「昨晚我已經祈禱過了，而且證嚴法師也在花蓮精舍。」結果，當晚眞的沒有下雨，直到晚會節目快要結束，才開始飄下細雨。

這個例子其實是一種巧合與運氣，卻反映出企業領導者信心堅定及正面思考的重要。

面對惡劣的環境，當大家都擔心憂慮之際，領導者更要表現信心，不可先動搖慌亂，否則大家更沒有信心，更難突破困境，重現生機。

每天讀書三十分鐘

新電池放久了，要用時往往會發現沒有電，因爲電力不知不覺流失了。

許多人看老虎伍茲打高爾夫球，總會忍不住讚嘆他的球技高超。但很少人會思索他到底下了多少功夫才有這種功力。

家電產品或電腦，隨時有新款產品上市，舊機型就會被淘汰。但人不是機器，爲了不讓自己被淘汰，成爲「電力流失的電池」，甚至自我期許成爲「職場上的老虎伍茲」，就必須不斷自我充實、提升。

我的方法是每天讀書三十分鐘。這個習慣養成多年，對經營事業和自我提升有很大的幫助。

尤其，近幾年統一超商流通次集團，新事業不斷衍生，每次面臨新的挑戰，身爲領導者，必須在最短的時間內做最佳決策，除了請教專家，我也會從書中學習、找資料，作爲決策參考。

過去我常會利用公司半年舉辦一次的動員大會，介紹一些我讀過的好書及心得，結果有員工反映說：「總經理，拜託不要再推薦好書了，因爲很多主管都會因此指定、要求我們必讀，還要寫閱讀心得，這樣實在太累了。」

我也發現，與其如此，不如建議員工養成每天讀書三十分鐘的習慣。畢竟，自我進修、學習，是十分個人化的事，不應別人推一把，才前進一步。如果沒有學習動機，自己要放棄成長的權利與機會，勉強去做也不會有好的效果。

面對今天這個「超競爭」的環境，個人和企業一樣，如果不持續強化自己的實力，很難生存下去。閱讀則是最簡單而經濟的充實自我管道。

而且，只有自己最了解自己欠缺什麼，需要加強哪些知識或技能，可以針對需求，直接尋找合適的書籍閱讀，並且迅速從中找到解答。這種從書本找答案的方式，有時反而比制式化的訓練課程更有效率。

閱讀習慣的養成，和運動一樣，其實不是什麼大道理，關鍵在於能否持之以恆。工作忙碌、沒有時間，是一般人共同的問題。所以生活的安排、時間管理很重要。每人每天只有二十四小時，擠不出更多時間，只有設法改變生活習慣。

上班族每天忙於工作，下了班或假日，往往就在與朋友通電話聊天，不停按選台器看電視，或坐在電腦前上網或打電玩中度過。這樣不但時間虛耗更快，往往也因吸收過多負面訊息而破壞心情。如果每天能撥出三十分鐘讀書，精神品質和收穫一定迥然不同。

不過在資訊爆炸時代，新書不斷出版，實在很難一一從頭看到尾，所以有效率的閱讀也很重要，通常，我的經驗是挑重點，或自己有興趣的部分看。

閱讀學習，也必須講求執行、實做，如果只是看很多書，或經常去聽演講，除了讚嘆別人的偉大，也沒有太大的意義，對個人成長不會有實質的幫助。所以，讀書之後，必須設法運用在工作上，才能把知識轉化爲自己的專業與技術。

改變一生的美好相逢

「可以改變一生的美好相逢」，這是日本當代廣受民眾推崇的書法家暨哲學家相田光男的名言。他以六十七歲之齡，在十多年前過世，但他的許多思想和名言，卻成爲當今日本社會許多人奉行不渝的生活準則。

人與人之間往往因爲偶然相識而結緣，美好的因緣(即中國人所謂的善緣)可以讓我們受到對方的影響，朝善而美的方向發展，進而改變自己的一生，甚至是改變周圍的環境和社會。關於這點，我個人有深刻的體會。

回顧過去的二十多年，對我影響最大的人至少有三位，一是統一企業董事長高清愿先生，當初若不是他給我機會，提供舞台，我不會有今天的發揮空間，也不會成就一個事業體，讓更多年輕人有自我成就的機會和舞台。

第二位是日本DUSKIN集團的已故會長駒井茂春先生，二十幾年前，我在日本留學時，即對DUSKIN公司「祈禱式經營」的理念與哲學印象深刻。

八年前，統一超商與DUSKIN合作成立台灣樂清公司，把這個事業引進台灣，我也更進一步從該公司的經營者身上學到更多，並和駒井會長成爲忘年之交，這段因緣對我日後影響很大，甚至改變了人生觀。

駒井會長常告訴我：「經營事業的目的在造福社會，而不是只有賺錢。」從工作當中，我也深刻體會到這句話的眞諦；思考一個新事業的發展時，會先想到它對社會的貢獻，以及顧客的需求為何、如何讓顧客滿意，而不是做了這個事業，我們能賺多少錢。

康是美、星巴克、宅急便等，都是在這個理念下誕生的。

駒井會長也說，凡事不要太計較，要走「損」的路，吃一點虧沒有關係，因為即使贏得了一時，也不見得贏得了永遠。

第三位就是二〇〇二年才認識的日本清掃學會創辦人鍵山秀三郎先生，由於接下統一皇帽董事長之職，二〇〇二年我接待來台旅遊的統一皇帽創辦人鍵山先生夫婦，了解他推動四十年的清掃哲學，而大受感動與啓發。

鍵山先生是一位看似平凡，卻有著不平凡內在的人。每逢假日，他都會與日本清掃學會的成員去各地推廣這項運動，正由於他把如此平凡的事徹底去做，所以做出不平凡的結果。

年輕時，鍵山先生騎車四處銷售產品，飽嘗人情冷暖。他常說，如果有人待我態度惡劣，就要自我警惕絕對不要像他一樣；如果有人善待我，就要加倍地回報。

相田光男是鍵山先生的朋友，早年生活清苦，除了擅長書法，他也是一位很有成就的詩人、思想家。相田光男的文字之所以打動人心，而且影響力遍及社會各階層，主要是因他都是針對平凡生活闡述淺顯的人生哲理。

相田光男曾說，許多事是表面看不到，卻很重要的。例如，水管藏在牆壁中，一旦堵塞或漏水，可就麻煩了；又如大橋落成時，總是邀請官員或重要人士前往剪綵，卻不見那些造橋的幕後功臣。

同樣的，每次我們的門市或新事業開幕，主要來賓也都是企業主管或重要往來廠商，其實門市順利開幕，應歸功於許多基層的工作同仁。

只要想到這一層，就不難發現許多成功並非靠一己之力，而是團隊的力量與合作。

成功的人生方程式

每個人都期望自己擁有彩色的人生，過著充實並且受肯定的日子。但社會競爭愈來愈激烈，大家生活都很忙碌、緊張，如果沒有一些正面的信念，很難堅持下去。

在我看來，人生是彩色還是黑白，大都取決於自身的努力；怨天尤人、滿腹牢騷的人，不會有更多的機會，只有不斷自我改造、自我超越，才有希望。

日本京瓷株式會社的社長稻盛和夫所強調的「人生方程式」，頗值得參考。

稻盛和夫認爲，一個人的成就分數，等於「觀念(即想法)×

能力×熱忱」。

觀念的正確與否，尤其重要；如果永遠負面思考，消極偏激，缺乏正確的人生觀或價值觀，甚至品德不好，即使再有熱忱、能力，分數也不會很好。觀念偏差的情形愈嚴重，負數就愈大，即使再努力，也是徒然。

這個方程式也可套用在工作上。不論是藝術創作者或一般的上班族，用心、專業能力兩者都是工作成果與作品表現好壞的關鍵，但其中任何一項分數太高或太低，都不會有好的成績，最佳的成果來自用心與技術均衡的狀態。

由此來看，凡事成敗往往取決於「心」，如果用心做，有心改變，再難也會成事。何妨把這個公式放在心上，經常計算一下自己的分數，時時改進。

大家都知道，個性會影響人生，但個性也不易改變。儘管如此，觀念卻可以改變，一旦觀念改變，心情、想法、命運也會跟著不同。所以，何不經常以感恩、惜福的心情待人處事。

在職場上，做主管的，可以多多關心部屬，部屬也要盡量體恤上司。這也正是稻盛和夫「敬天愛人」經營哲學的精神。他常說，我們應對生活周遭的一切心存感激，不論是好的、壞的，都是正面的磨練。

由日本DUSKIN捐贈成立的日本愛心輪基金會，和統一超商推動的好鄰居基金會，共同舉辦的「亞太地區身心障礙領導人才赴日培訓計畫」，打算在亞太地區挑選十位身障者，免費培訓為種子部隊，讓他們回到自己國家輔導殘障者過著更好的生活。

台灣第一位完成這項訓練的研修生吳貞儀小姐，經過一年培訓，二〇〇三年夏天回到台灣。

吳貞儀表示，在日本生活的這段期間，她深深感受兩地的環境，和殘障者的生活態度，有著很大的差異。在日本，不但各地的無障礙空間、設施較爲普及，殘障者對現實環境不理想之處，也勇於挺身而出，要求相關單位進行改進。

爲了訓練課程的關係，吳眞儀在日本搬了五次家，前兩次是由當地的社會團體協助，第三次她決定靠自己的力量，運用還不甚流利的日語，與搬家公司聯絡，處理相關事宜。於是，吳眞儀慢慢發現，憑藉自己的能力，她還是可以在不同的國度生存下去。

我想，我們每一個人都是如此，面對困難、挑戰，就是要盡力去克服它，一旦突破了環境的限制，就是一種自我超越。如果自怨自艾，就等於放棄成長的機會了。心念的轉變，往往可以產生截然不同的結果。

雨中雨，風中風

這些年來，常有人問我如何面對工作的挫敗？我很喜歡日本書法家相田光男寫的「雨中雨，風中風」的字句，我想，答案應該就在其中。

因為，如果連面對風雨，都可把它當成一種很好的境界，正面思考，積極面對逆境，盡心盡力活在當下，就會發現，其實並沒有真正解決不了的問題。

能夠活在當下的人，多半擁有一顆「感動的心」，如此才能欣賞一幅畫、一片景色、一朵花，甚至一個人。如果可以融入周遭情境，深受感動，就能進而包容很多人生的不圓滿。

其實，人生本來時時刻刻，都會面臨各種問題；而且現在不代表永遠，成敗勝負都是不斷付出與累積的結果。

最重要的是，要有信心，透過後天的努力與培養，盡可能發揮自己的優點，在自己專精的領域努力吸收新知，或由別人身上學習，久而久之就可建立基本概念，一旦能透過實際的工作歷練與挑戰，逐漸成長，有所表現，持續累積「信用」，路就會愈走愈寬廣。

積極面對逆境、活在當下的能力，也不見得是與生俱來的；卻同樣可靠平日不斷練習得來。只要用心去感受身邊的一切，學習控制情緒，面對不同的問題，長期下來，就可以讓自己活得愈來愈自在。

實際上，這就是我人生歷程的體會。

記得當年我剛加入統一企業規劃新事業時，同時身兼外賓招待、演講翻譯或寄發董事會通知單之類的工作，相當繁複瑣碎。後來也做過7-ELEVEN展店、畫門市陳列圖等工作，從各種細微的事中一步步學習成長。

在此同時，母校逢甲大學堅持邀我回去兼課，在推辭不下的情況下，只好每周日一大早，坐長途車去台中上課，下課後再坐車回家，已是半夜。第二天一大早又開始忙碌的一周。

當時的我，也曾因壓力大、別人不經心的批評而患得患失，或因煩惱事情沒做好而睡不著。看到不合理的事，也會有「嫉惡如仇」的激動。

現在想想，那樣的日子真的很辛苦，在統一超商開辦的初期，挫折更多；一九七八年統一超商成立，一九七九年開出第一家店，前後歷經七年才開始獲利，其間的困頓與煎熬不在話下。

之所以能夠堅持下去，除了高董事長的支持與授權，更重要的是心中一股「要把這個事業做成」的信念，以及自我調適、不怨天尤人的正面思考態度。

其實做事業和過人生，是一樣的，培養轉換心境的能力很重要。面對挫折，試著包容、自我調整，如果不能掌控情緒，難免就會大發脾氣或陷入低潮，影響個人工作、生活和健康。

身爲主管或經營者，更要培養掌控情緒的能力，自己適時的自我轉圜或找台階下，否則，只會影響企業或部門的工作士氣，造成更大的管理鴻溝。

掌控時間也很重要，而且要有足夠的體力，才能把事業做好。所謂有體力，不單指運動，還包括心境；心境無罣礙，才能沒有煩惱，並且隨時保持神采奕奕，如此才能在職場上全心全力衝刺。

參與公益沒有盡頭

提到公益，大家都知道「雪中送炭」，勝過「錦上添花」，但如何做到，卻不容易。

我的理想是，讓「有7-ELEVEN眞好」這句話，不只是一句廣告詞，或代表企業經營的成就，而是眞正在生活中實踐，把整個社會串連起來的一種關懷力量。

不是企業賺錢了，才可以做公益；一九八五年，7-ELEVEN還虧損時，我們就推出「思樂冰著色比賽」，首度與社區小朋友展開非商業的互動。

當時，我的想法是希望能藉行銷策略與內部管理的改善，開源節流，盡量參與務實的公益活動。結果第二年，統一超商終於轉虧爲盈，開始陸續舉辦「把愛找回來」等許多不同的公益活動。

第一次舉辦「把愛找回來」，回響就很大，我們自己也受到很大的鼓舞。於是，我開始認眞思考，滿足國人的生活消費需求，是7-ELEVEN絕處逢生的關鍵，在逐漸壯大後，我們更應該「把公益當事業經營」，有效落實對這塊土地的關懷。

這除了表示要用心，運用企業行銷的概念做公益，講求創意與特色；也必須抱持「只許成功、不准失敗」的決心；不能因爲今年有預算就做，明年沒有錢就不做，因爲這是企業責無旁貸的社會公民責任，就像經營事業，要對員工、股東負責，永續經營下去一樣。

就這樣，隨著企業成長，統一超商的公益活動內容，也在摸索中逐漸轉變、深化，但執著負責的精神一直不變。

我們每年固定提撥經費參與公益活動，陸續和台灣世界展望會合作「飢餓三十」活動，至今已超過十二個年頭。此外，也開企業之先，和勵馨基金會合作，主動關懷雛妓議題；和伊甸基金會合作，鼓吹關心早期療育兒童問題。

二〇〇〇年，「統一超商好鄰居文教基金會」成立，推動延續地方文化，改善社區生活等工作。第二年，我到日本拜訪DUSKIN的愛心輪基金會(Ainowa Foundation)時，發現該基金會雖是結合企業、員工、加盟主的力量，但DUSKIN刻意不將公司名稱放入，爲的就是更無私的推動基金會的目標與理想。

回來後，我們也把基金會名稱中「統一超商」的字樣拿掉，讓「好鄰居基金會」可以更中立，不帶商業色彩地做更多回饋社會的事。果然，回響愈來愈大。

這些年來，我們持續贊助的社區營造工作已超過五十九個社區；舉辦Clean Up the World，每年也都有超過三萬名志工共同參與全台的清掃工作；每個月第三個周末是我們的「社區清潔日」，所有同仁和加盟主會暫時放下手上的工作，到所在的社區內清掃，一年累積下來的志工服務時間近三萬個小時。

除了透過門市募款，匯集眾人的愛心，我們也活用各種企業資源，協助弱勢者。

例如統一速達宅急便運用它的配送專長，幫忙送書給偏遠地區的原住民小朋友，或在耶誕節幫忙送禮物到醫院給癌症病童。

這樣的氛圍，讓同仁和加盟主養成一種願意付出，關心社區的企業文化。板橋地區的7-ELEVEN加盟主，會主動認養人行陸橋，統一星巴克的年輕工作夥伴們，搶著到中部山裡的部落社區，陪原住民小朋友讀書。

結果，不但受惠的是社會的弱勢族群，也讓企業的經營跟著受惠，形成一種良善的正面循環，這就是所謂的「共好」。

當然，這樣的努力沒有盡頭。也唯有持續推出誠懇有效的公益活動，才能還原社會眞感情。

改變心念，適時轉化

這些年來，在工作之外，社團活動和應酬也愈來愈多，經常必須穿著正式服裝，與許多專業經理人或企業老闆會面交誼，有時會帶來內心的壓力，而想加以推辭。

其實從一些聚會中，自己也可以累積相當珍貴的經驗與本錢，並非全然沒有收穫的。與其勉強爲之，不如敞開心胸，讓自己樂在其中。

因爲，社交、休閒、娛樂，與工作一樣重要，都是生命拼圖的一部分，它們組合起來，人生才完整。

專注，則是讓每一塊人生拼圖都很精彩，組合起來又各得其所的好方法。

大學二年級時，我曾經參加學校的西洋劍社團，這是一種瞬間決勝負的運動，必須十分認眞、專注，才能在對手不備之際，趁虛而入。

這種運動的特質相當吸引我，我也從中領悟到，運動休閒固然是一種休息或放鬆，更需要專注爲之，專注的程度，不應亞於對工作的投入，如此，得到的回饋與快樂，一定也會超出你的預期。

多年前，我在一次偶然的機會中，參加法鼓山的社會菁英禪三。起初抱著休假的心情上山，第一天，因爲剛出差返國，時差尙未調整過來，而一邊打坐，一邊打瞌睡，而且只要一閉上眼睛就雜念叢生，不停的擔心有哪些事沒做好，相當痛苦。

三天下來，我發覺師父講的道理都很實際，也很生活化，於是，我完全放下隨身攜帶的書本、隨身聽、大哥大，在師父的引導下專心吃飯、專心睡覺，甚至專心呼吸……

這正是一種專注工夫的訓練，因爲只有專注，把不該有的干擾排除，心神才不會散亂，做事才不易亂了方寸。

禪修讓我學會沈靜自己，知道自己在做什麼，也讓自己學會在情緒不佳時，放慢腳步，把問題的癥結釐清後，再下決定。如此，久而久之，就比較能掌控自己的情緒，處理得與失。

面對人生不同的面向，轉化，是另一門重要的功課。因爲，只有改變心念與態度，自我化解，在面對問題時，才會有較多轉圜的空間，而不至於太鑽牛角尖。

當然，轉化的功夫，不是一朝一夕就能做到，卻可以透過練習逐漸累積，只有持續的練習，不斷嘗試努力，才會有所進展。

透過坐禪，我也體會到，碰到問題，可以採取「面對它」、

「接受它」、「處理它」、「放下它」四個原則，坦然面對，釐清關鍵，全力解決，一旦盡心盡力而為了，不論結果如何，就放下它，繼續前進，不再牽掛不安。

運動、坐禪，除了讓我學會專注，也培養我的耐力，這樣的訓練讓我一生受用無窮。

嚴格說起來，我的耐力，除了來自運動的訓練，主要來自早年日本求學生活的磨練。當年我到日本念研究所，父親雖然給了我三千美元，卻只能維持半年的支出，不得已的情況下，只好一邊念書，一邊兼兩份工作，除了在餐廳端盤子、洗盤子，還同時做代客泊車的工作，經常累到一回到住處，倒下去就睡得不省人事。

這樣的生活雖然辛苦，卻是最扎實的磨練，也讓我培養出堅忍的力量，支持我走過日後的許多困境。

運動場上，通常耐力是制勝的關鍵，只有能忍耐、堅持到底的人，才能跨越難關，成爲最後的贏家，人生或職場上，又何嘗不是如此。

築夢踏實的歷程

耶誕新年假期，重讀詹姆斯・艾倫(James Allen)的著作《思想與目標》(*Thought & Purpose*)，發現這本書雖然距今已有百年之久，理念卻一樣行得通，對於正爲找尋人生目標或生涯規劃而茫然不知所措的年輕人，尤其有啓發性。

作者在這本書中指出，一個人的思想和目標，若沒有關聯性，是無法創造出價值或成果的。「確信自己可以達成」的信念，則是讓人勇於朝目標前進的動力。人的思想也會因爲堅定的信念而豐富，讓你在遭遇困難時，勇敢面對，並用智慧去克服解決。

「因果法則」的思維方式，則可以協助你袪除恐懼與不安，因爲任何事的結果，必有其原因，只要能找出失敗的原因，即可重新出發。

沒有明確目標、隨波逐流的人，容易爲瑣事而煩惱，或遭遇一點挫折、失敗就感到絕望。沒有堅強信念的人，即使有目標，也容易自我放棄，很難存活下去。

一旦設定目標，心中就要堅定，不要顧左右而迷失了方向。同時，要努力克服心理障礙和焦慮不安。因爲，在達到目標的過程中，會面臨許多障礙和困難，這些可能削弱前進的勇氣，並使過去的努力付諸一炬，必須從頭來過。有勇氣、信念的人，反而會視挫敗爲未來成功的新起點。

外界有人稱我爲「流通業教父」，實在受之有愧，如果說今天有一些成就，也是過去三十年持續努力累積下來的。在摸索的過程中，我的人生目標也曾調整過，在因緣際會下，夢想和目標逐漸一致，成為一個吸引我不斷前進的動力。

我的經驗是，年輕時，可以依自己的性向、興趣，找出方向，設定目標，一旦目標明確了，就要堅持下去，不要輕易妥協。

小時候，家裡開書店，小學時，我就開始幫忙看店。念大學時，開始學著批書、採購，耶誕節時，也會動腦筋找一些應景的裝飾品來賣，並規劃促銷活動。雖然念的是工業管理，但一有空，就跑去聽演講，看《經濟日報》或國外翻譯的經營管理類叢書，加強充實這方面的知識，因為商業經營管理才是我的興趣。

到日本念書時，我開始對超市經營有興趣，經常跑去看流通展，當時心中常想未來要開一家超市。但因為指導教授的關係，我的碩士論文卻是以物流運輸為主題。

一九七七年四月，我拿到學位回到台灣，原本有學校找我去教書，但透過朋友介紹，同年十月，我與當時擔任統一企業總經理的高清愿先生見面，他鼓勵我回來加入統一，負責規劃連鎖店事業。

就這樣，我找到了符合自己興趣與所學的工作，人生目標更爲明確。但是，辛苦的在後頭。剛加入統一時，我一面做其他的工作，一面規劃新事業，有時下班後，再到家中書店幫忙看店。三個月後，交出統一商店的經營計畫書。

一九七八年四月一日，統一超商正式成立，資本額一億九千八百萬元。當時統一企業油脂部主管吳英仁出任總經理，我的頭銜是企劃部副課長。經過一年多的籌備，一九七九年五月二十七日，十四家統一超級商店同時開幕。

在這一年當中，我和同時加入統一超商的一些夥伴們，既要找店、洽購門市，又要畫門市配置和商品陳列圖、監工。每天忙得天昏地暗，所以那段時間，我對兩個兒子的成長過程是一片空白，不知道他們是如何長大的。

也由於太辛苦了，有些同事以爲「這條船要沉了」而離開，另謀出路，我一方面是因爲忙得沒時間與力氣想退路，二來也是覺得這是自己的目標，不願輕易放棄，就這樣一路走下來，而有今天。

任何目標，只要是正確的，勤加灌溉，一旦時機成熟，就會如花朵一樣，在合適的季節綻開、盛放，千萬不要因一時的收成不佳，就氣餒不前或輕言放棄啊！

樂於工作的美好人生

（攝影／徐重仁）

無私讓愛永不打烊

二〇〇三年春天SARS（非典型肺炎）蔓延，造成社會恐慌。位於台大醫院三家直營的7-ELEVEN，在幾經評估後，決定不關店，繼續發揮服務業的精神，與台大醫院的醫療人員一起並肩作戰。

面對SARS，企業更需要發揮無私的精神，但如何兼顧員工的安全，並排除他們和家人的恐懼，卻是一個難題。

當時，我特別去台大醫院這三家門市，探視仍堅守崗位的同事們，看到他們的努力與盡責，全力落實門市的消毒與防範工作，心中除了感謝，更有深深的感動！

這三家醫院門市之所以決定繼續營業，主要的考量是，台大醫院是台灣最具醫療水準的醫院，該院管控SARS疫情趨於穩定，而且門市位於非隔離院區內，營運安全性沒有問題。

繼續營業，除了可以滿足台大醫護人員的消費需求、在此非常時期善盡社會服務責任，更重要的是，對仍在工作崗位上盡心盡力的四千多名台大醫護人員來說，具有極大的正面鼓勵力量！

當然，爲了第一線服務同仁的安全，在決定營業的同時，我們也研擬高危險區門市同仁的安全配套措施與風險保障，其中包括提供同仁高防護標準的口罩與隔離衣，以確保門市同仁的健康安全，讓這群爲「7-ELEVEN永不打烊」服務精神而努力的同仁們，能安心、安全地站在工作崗位服務。

畢竟在考量社會責任的同時，讓員工在安全無虞的環境中工作，更是企業關注和努力的重點。放眼國內外企業，面臨危機的案例不勝枚舉，雖然情況不盡相同，但都是企業經營智慧和無私精神的一大考驗。

在日本最知名的例子是，森永食品公司遭千面人在產品中下毒勒索、幾乎破產的事件。該公司負責人堅持不與千面人妥協，也不支付五千萬日圓的代價。

結果，警方在一家商店裡查獲遭千面人下毒的產品，造成日本消費者不敢購買森永公司的產品，該公司也因此面臨產品滯銷、通路不敢上架銷售、營運幾乎周轉不靈的空前困境。

但是森永公司的社長不願就此退縮，帶著自己的太太、主管、員工，到各處車站或人潮多的地方，全面動員推廣銷售。這種不妥協的精神，終於感動了日本消費者，讓他們由恐懼轉而支持森永產品。

不但如此，銀行也提供森永公司免息優惠，協助該公司度過難關。更令人想不到的是，千面人最後也向森永公司妥協，還親自寫一封信表示「到此爲止，不玩了」。

SARS疫情之於消費者，正如藏身黑暗中的千面人，不知何時會出手攻擊無辜的民眾，令企業和社會受創。

當時，我們也不知道還要和它抗戰多久，但堅信只要大家攜手同心全力對抗，把心思放在自身該做的事務上，注意保護自己及周遭環境的預防，互相體諒、鼓勵，彼此關懷，一定可以平安度過這個難關。

事後證明，這樣的態度是對的，SARS暫時離我們遠去；雖然其他不可預知的「威脅」依然存在，我們已學到更多智慧去迎戰它們。

堅持品質是長期的功課

SARS、禽流感等疫情，對許多行業的經營者來說，有如一場震撼教育。服務業中，尤其是食品餐飲業者首當其衝，當務之急是持續做好品質控管，並更加強員工的衛生品質教育和訓練。

不過，任何品管制度或訓練，畢竟只是確保品質的方法與手段，最重要的還是要和商品研發一樣，從一開始就「融入顧客的情境」，站在消費者的立場，以吹毛求疵的態度，設身處地爲顧客著想，嚴格做好品質把關與控管，才能讓消費者放心使用。其實這也是企業應負的責任。

以鮮食消費爲例，平時業者對便當等產品品質的堅持，可能消費者不會在意，但SARS疫情開始之後，台灣的消費者卻突然意識到衛生安全品質的重要性，紛紛選擇有品牌、品質信譽良好的企業產品食用，原本在這方面貫徹的業者，也更容易獲得認同。

可見，許多工作的投入，不是等危機出現後才來做，唯有靠平日的累積與堅持，才能有成果，也更能得到消費者的信任。

SARS爲民眾帶來健康威脅與不便，多少也影響到生意，但是也帶來了新的商機，品質就是其中的關鍵。

當時，7-ELEVEN門市接到了許多來自企業、學校、醫院等機構的大筆便當訂單。通常，便利商店的消費形態屬於個人化，量少但頻率高，而且多屬衝動型購買。團購則屬於計畫性購買，這種訂單的轉移，主要是因環境變化，消費的習慣隨之調整，但也反映出我們過去在品質上的一切努力與投資都是值得的。

爲了讓消費者吃得安心，統一超商多年前即推動「200%

QC」，並特別召集品管人員，成立「200% QC」小組，切實執行超越百分之一百的品管作業標準。

這樣做的目的在追求無懈可擊的品質，進而取得社會大眾的信任與肯定。而且執行層面由單純的商品品質提升，轉化爲服務流程品質的提升。

所謂「200% QC」，意指百分之兩百的品質保證，也就是說，要做到可以拍胸脯說絕對沒有問題的程度。執行範圍從原物料端到工廠，工廠到物流中心，物流中心到門市，門市到消費者端，可說是全程的供應鏈品保。

此外，從溫度、時間到品質驗收，也要一環扣一環地落實執行。一旦有任何狀況，「200% QC」小組採取高規格回報、高標準處置。即供應鏈中的任何缺失，要一直做到確實修正、完全改善爲止，讓缺失眞正消失。

例如，爲了做好新商品的把關，務必做到所有商品進入門市前，必須先通過安全檢驗流程，才能進物流中心，再由物流中心配送到門市。

只要能凡事站在顧客的立場，最終必會得到顧客的信賴。若抱持自己就是顧客的心理，不嫌麻煩、不怕挑剔地全力維護產品品質，則品質這門功課是永無休止的。

熱忱與學歷的天秤

每年一到畢業季，就有更多大學畢業生湧入就業市場，不景氣下，求職競爭更激烈。社會新鮮人該如何面對這個人生的重要課題？

一個人要走什麼路，平順與否、成功與否，其實都在於自己。準備好的人，永遠有機會，最重要的是保持一顆熱忱的心，不停的學習。在職場上，對人和工作的熱忱，往往比學歷更重要，只要肯努力，社會大學比正式大學更容易讓自己成長進步或脫胎換骨。

日本新力（Sony）公司社長出井伸之曾問新進同仁：「在公司

做得如何？」有人回答：「還不錯，可以學到很多東西。」

出井伸之便再問：「這樣的話，你是否願意不領薪水，繼續做下去？」其實他所指的，是一種不計待遇的學習與工作熱忱。

企業雇用社會新鮮人，要付出許多教育訓練投資，這固然是企業人才養成的必要成本與過程，但社會新鮮人仍應抱持一種把握機會學習、全力以赴的心情去工作，才能讓自己得到更多的歷練與發揮機會。

爲了國際化，統一超商從幾年前開始大量招募MBA人才，其中不乏國內外名校畢業的高材生，他們進入公司後，一律從門市最基層的工作做起，經過一定的歷練後，才依其興趣、專長和表現，調回總部的不同部門。每個人在第一線磨練的時間不盡相同，有的人甚至可能超過一年。

我的想法是，年輕人進入一家大企業，如果一開始就做固定而靜態的工作，反而不見得是好事。因爲大企業分工精細，新鮮人往往只能擔任「螺絲釘」的角色，很容易就變成「呆人」。

小公司由於資源少，新進人員往往什麼事都得做，反而比較有機會接受全面性的磨練，學到更多東西，快速成長。

所以統一超商流通次集團的子公司，在享有大企業資源共享優勢的同時，也盡量保持小企業的彈性精神，人才培育亦應如此。大膽重用年輕人，讓他們走上第一線，賦予更大的任務，提供更廣泛的磨練機會，才有可能培養出更多的「強將」。

企業用人，固然專業背景與學歷很重要，但工作的熱忱、衝勁與觀念的創新，其實比學歷和專長更重要。

所謂熱忱，不但是對工作，也是指待人，愈是年輕，愈要有理想、目標和方向，願意接受挑戰，保持積極的態度和速度感，得失心也不要太重。最重要的是不要小看自己，認爲自己只是小職員，無能為力。

統一超商就有一些主管，並非學工程或技術出身，但因為有熱忱和衝勁，被調動到工程部門和管理部門後，依然可以交出出色的成績。

可見一個人只要有熱忱，就會去學習，並且有機會成為成功的領導者。統一超商投資許多新事業，一開始內部不見得有相關的專業人才，憑藉的就是一些有熱忱的幹部，他們願意接受挑戰，把握機會學習和解決問題，不但成就自己，也為公司帶來更大的發展空間。

我從小成績就不是很出色，念書總比別人多花好幾倍的時間，只好以勤補拙。踏入社會，也是抱著這種態度，認真工作，盡量學習別人成功之處，希望自己可以變成一個出色的人。

多年下來，我體會到，熱忱會讓人產生動力，促使你不斷嘗試新的事物與築夢，進而得以實現人生的理想，並不斷衍生出更大的成長動力，形成一個良性的循環。

服務流程沒有捷徑

二○○三年赴紐約出差，利用閒暇去百老匯看了「獅子王」的舞台劇，票價不低，卻有值回票價之感。該劇不論是燈光、音樂、表演者的演出，每個環節都無懈可擊。尤其是看到舞台旁邊打擊樂樂手賣力投入的演出，在讚嘆其表演技藝之餘，更有一種感動。

持續演出二十年的著名百老匯歌舞劇「貓」，二○○三年來台演出二十二場，但未演先轟動，早就出現一票難求的盛況。

台灣的文化創意產業正在興起，民眾對休閒、文化表演藝術的需求也愈來愈多元、豐富，只是，常有表演場地不理想，或是具備我國特色的表演活動不多的遺憾。

近幾年，政府積極推動觀光休閒產業，更視之爲振興國內經濟，以及讓台灣與國際接軌的重要政策，國人也開始留在國內旅遊消費。每年暑假，進入旅遊和休閒旺季，各地的休閒旅遊設施也都人滿爲患或不敷使用。

但平心而論，台灣的休閒和文化消費環境，不論硬體規劃的專業度或軟體服務的細膩度，都還有很大的改善空間。

以溫泉爲例，台灣有豐富的溫泉資源，然而溫泉旅館設施和服務水準，卻遠不及日本的溫泉旅館或峇里島的SPA旅館。除了硬體設施的規劃，服務流程的設計也是問題。

我很喜歡洗溫泉，尤其是在日本，即使是一般大眾化的溫泉旅館，也可以讓人舒適放鬆地享受入浴的過程。在台灣卻鮮少重溫這種樂趣，主要是現有溫泉設施規劃的動線、服務和衛生安全的管理，都讓人難以眞正放鬆地享受。

最近台灣出現許多高檔的溫泉或度假旅館，像是涵碧樓、春秋烏來等，口碑都不錯。但是，大多數國人更需要的是收費合理的大眾化溫泉設施。

日本溫泉旅館業常見的兩餐一宿套裝產品，每人收費最多兩萬日圓。近來因應市場競爭以及不景氣的衝擊，部分溫泉旅館的經營、行銷和價格策略，也做了一些調整。例如有一家溫泉旅館，推出一種單一價一萬元(同樣是兩餐一宿)的泡湯套裝產品，不分淡旺季，生意都很好。

這家飯店之所以可以把價格壓低，主要是改變服務形態，不再像傳統的溫泉旅館，早、晚餐都送到旅客的房間內享用，而是讓旅客到飯店的餐廳內用餐。這種方式大大地降低了服務人力和成本，同時也更符合年輕消費族群喜歡熱鬧的習慣。

在許多旅館同業因應潮流改變經營策略的同時，歷史悠久的日本帝國飯店，仍以貼心周到、細膩而個人化的服務見長。

帝國飯店對於在飯店住宿過的房客的喜好，都會予以建檔記錄，下次旅客再度光臨時，從喜歡看的報紙，到習慣用的枕頭、吹風機，都會準備妥當。而且飯店房間的清潔人員隨時進房整理，讓房間內永遠保持整齊。

服務業是一種扎實的工作與產業，服務的流程與步驟絲毫不可馬虎或走捷徑。台灣的休閒觀光業常流於粗糙，就是太急於追求回收，一味模仿國外同業，跳躍式的發展，空具形體而忽略內涵。省略許多重要步驟與細節的結果，只會讓消費者失望而返，不再光顧。

在硬體上，也常有大而無當的盲點或不切實際的設計，這樣不但形成投資的浪費，也無法眞正滿足旅客的需求。

對企業來說，顧客的不滿足和既有服務的缺失，正是商機所在，但投資的著眼點仍應回歸消費者需求，只有從消費者的情境出發，設身處地去思考規劃，才能營造出細膩而舒適的休閒消費環境，文化消費亦然。

小努力，大成果

在日前統一超商發起的清掃學習會活動中，日本清掃學會創辦人鍵山秀三郎先生，提出了許多發人深思的話。

從經濟學的角度來看，要用最少的成本獲取最大效益，因此一般人都希望用最小的努力來得到最大成果。但鍵山先生卻表示，「大努力、小成果」才是最珍貴的。他以爲，如果只是花費小工夫，卻得到很大的好處，會使人的心不踏實。

不過，我倒覺得兩種理論是不衝突的；在工作效益上，我們可以要求小努力、大成果；在工作態度上，則要秉持大努力、小成果的精神，才會更加堅持不懈。

以便利商店門市爲例，如果短時間內的業績無法突破或成長，其實沒有關係，只要持續努力，長期下來，許多的小努力，也可以累積出大成果。

前幾天我到一家水果專賣店光顧，原本買了三百多元的水果，後來店員又切了一片水梨給我試吃，結果我又多買了兩顆三百五十元的水梨，消費金額足足增加了一倍。

我想，假如每一家7-ELEVEN門市也能好好運用這樣的觀念，徹底落實去做，應該會有不錯的成效。

試吃是爲了讓顧客對商品有所了解，產生互動，進而刺激顧客的購買行爲。由於試吃的效果相當立即，所以過去在烘焙麵包店、超市內較常使用的試吃活動，現在也被各種零售通路廣泛採用。

日本便利商店的競爭激烈程度不輸台灣，而且是高手對高手的競爭，各家通路無所不用其極地爭取上門的客人多消費。例如日本的7-ELEVEN即積極推動試吃，他們的作法其實很簡單，就在盤子或碟子上放著切成小塊的試吃品，與星巴克門市推廣新上市飲品、點心的方式，沒有太大區別。

不過，在推銷、面銷的同時，服務人員的態度應力求自然，不要給顧客太大的壓力。其他如服裝、儀容、用語也要注意，最好不要重複說著「制式」話術，以免顧客感到厭煩。

尤其是便利商店通路，顧客重複光顧的頻率相當高，許多人每天都到7-ELEVEN一、兩次，或至少一周一次，面銷、試吃等手法，更應力求有效、妥善。每家店的加盟主、門市人員，都可以根據本身的商圈特性和客層屬性，找出最適當的方式與顧客溝通。

只要經常不斷地嘗試，從成功的經驗中累積know-how，一定可以爲門市創造許多額外的商機，並且吸引更多原本較少光顧便利商店的老人家等非目標客層上門。

服務就是要眞心誠意，不但試吃、面銷服務等應盡量做到這點，一般餐廳的基本服務動作，更應透過訓練，嚴格要求。

日前，我帶日本客人到國內一家非常有名的中式點心連鎖店用餐，服務生在倒茶時，用「瀑布式的倒茶法」，將茶壺提得高高地往下倒，日本客人害怕被濺得一身都是茶漬，忍不住閃到一旁。

這家連鎖餐廳在日本也有分店，生意興隆，客人常常得排隊等候消費。但是，如果每一家連鎖店的服務水準不一致，不但會影響到整體品牌的形象，這家分店的業績也會受到影響。

連鎖便利商店也是一樣，只要有一家門市服務有缺失，消費者不會考慮這家門市是加盟店或直營店，只會對這個通路品牌不滿，心想下次最好不要再上門。

由此可見，小努力可以有大成果，小疏忽也可能造成大損失。

精品主義創造成功商品

在消費者日益挑剔以及供過於求的今天，商店貨架上的商品，汰換率愈來愈快。根據市場統計，成功商品的比率約僅兩成，也就是說，門市約有八成商品是不成功的。這也就是一般所謂的「80/20法則」。

有些新商品甚至在消費者尚未察覺它的存在時，就面臨下架的命運。由此可見，成功暢銷商品的開發的確不容易，對廠商和零售通路都是一項嚴酷的挑戰。

一個商品暢銷的因素很多，包括超值的價格、賣相佳、意見領袖的口耳相傳、使用方法的教育等等，以上因素缺一不可。

在我看來，商品開發的技術固然精深博大，但包裝、陳列、行銷等方面也輕忽不得，最重要的是要融入顧客的情境，思考消費者的需求，也就是說，要充分掌握消費者的心理。但隨著社會發展和生活形態的快速改變，消費心理也是善變的，從業人員必須隨時保持創新的能力。

我時常提醒統一超商同仁，不管是貨架商品或預購商品，在一開始規劃時即要思考，如何強調其價值、品質與水準。應充分了解商品的價值與價格的合理性，而非以廠商訂價或議價後的結果來決定價格。也就是說，訂價應等於商品的價值，才有成功的機會。

以目前在7-ELEVEN門市販售的產品爲例，百分之八十的產品壽命都相當短，有些往往在顧客還不知道之前，即面臨下架的命運，非常可惜。

我認爲，一個商品的包裝，應讓顧客一目了然，並清楚知道內容物爲何。如果還須仔細費力看，才知道是什麼商品，就是失敗。

也就是說，只有讓顧客一眼看到，就不假思索地在五秒內決定購買的商品，才容易成功。而且只有以精品的概念開發新商品，比顧客更挑剔，完全爲產品的選擇負起責任，才能源源不絕地推出讓顧客滿意的商品。

除此之外，商品一旦進入門市，應盡量面對顧客陳列（face up），才容易吸引顧客注意，若商品只是躺著陳列，不論美味與否，都很容易被忽略。

從事零售業，應充分掌握消費者心理，才能事半功倍，不致白忙一場。當然門市人員若能投其所好，多向顧客推薦面銷，讓顧客多嘗試新品，也有助於打開新商品的銷路。

氣候對消費者心理的影響也很大，譬如二〇〇三年日本的夏季爲冷夏，不但飲料銷售特別差，許多戶外活動業績也因此下滑了百分之五十，有鑑於此，以往都在秋季上市的便利商店熱包子，都特別提前推出銷售。

由此來看，不論是店鋪或無店鋪販賣，都可以善用氣候變化來行銷。門市要想提升客單價，也應多掌握商圈、顧客特性及行事曆，充分融入顧客情境思考。例如，門市普遍運用的推銷話術，應加入人性化的考量，隨時臨機應變，不應在下雨天還一直向顧客推薦清涼飲料。只有時時與顧客的想法或需求結合，推銷才會有成效。

企業的經營是不進則退，同業一直緊緊跟隨模仿的壓力，讓領先者絲毫不敢鬆懈。這也是身爲台灣便利商店第一品牌的統一超商，必須付出的代價，也只有不斷努力與改進，才可能持續領先。

我深信今天行得通的，不代表明天行得通，如果不與時俱進，今天的明星商品往往會成爲明日黃花，唯有不斷追求進步，才能持續保有強大的競爭力。領導品牌也必須不斷改善、自我超越，才能保持領先。

用心就有用力之處

台灣加入世界貿易組織（WTO），正式進入已開發國家之列，但有時商圈街道旁的某些髒亂場景，仍難免讓人有置身落後地區的感覺。

在整個社會致力於提升生活品質的同時，商店經營者扮演重要的角色，有些時候，甚至可以發揮引領美好生活風潮的功能，關鍵就在是否有主動創新因應變局的精神，所謂用心就有用力之處，一點也不假。

早期7-ELEVEN門市在遇到下雨天時，會在賣場入口處鋪上紙板，來減低地上的溼漉程度；也曾有門市在活動布旗下面吊著寶特瓶等東西，來固定布旗。其實這些都是不專業、缺乏格調與品質的表現。

在商店櫛比鱗次的街道上，總會有些門市的招牌燈不夠亮，商店形象自然打折。開店的地點，也會影響到商店形象與格調，如果一家7-ELEVEN在檳榔攤旁邊開店，感覺就差了些。

星巴克最吸引人的地方不只在於咖啡，其環境及氛圍才是成功所在。讓消費者安心使用的乾淨廁所，更是不可或缺的門市經營要素。

日本新型的購物中心都裝置有免痔馬桶，以提供顧客更舒適、更貼心的消費環境；目前日本許多連鎖便利商店，也挖空心思在門市設立休息區，以延長顧客在門市停留的時間，進而增加消費。

小小的便利商店設立「休息區」，是一門大學問。首先要看商圈特性，例如要設一人座或多人座，都得掌握商圈顧客的需求，而不是按固定的模式來做。

所以，即使總部爲維護門市格調與消費品質，有一定的規範，但各門市的經營者只要用心，仍可透過仔細觀察，找出持續改善、回饋及進步的地方，而不是完全按照總部規定來執行，不知變通。

例如入秋之後，氣溫明顯下降，面對這種變化，連鎖總部可能還來不及對門市做出新指示，門市經營者如果抱著照表操課的心態，完全按照既有指示做，很可能會錯失許多商機。

相反的，如果把這個季節需求較大的關東煮、湯麵、米飯等商品，加強訂貨陳列，銷售自然會提升。時時注意天氣變化對顧客需求產生的影響，並立即因應，在賣場下工夫，就可以彌補天氣對業績造成的影響。

二〇〇三年日本夏季出現冷夏效應，飲料銷售不佳，便利商店原本在秋天主打的包子等熱食紛紛提前推出，就是一個很好的例子。

賣場要達到最好的經營效益，陳列相當重要。貨架陳列必須更專業化，才能發揮促銷功能，吸引消費者購買。陳舊、凌亂的陳列，只會給消費者「便宜沒好貨」的感覺。

隨著商圈地區特性不同，陳列的方式與組合，也應該有所改變。在日本，許多便利商店進駐大型辦公區或購物中心，陳列方式就和社區型門市大不相同，經營焦點也會著重在飲料等需求量大，迴轉較快的商品種類。

爲了衝刺業績，門市往往會將經營重點放在高毛利商品。事實上，高毛利商品不等於顧客需要的商品，有時低毛利商品反而才是顧客最需要的。因此門市不該一味推銷高毛利的東西，而是盡量提供顧客最想要的商品。

一家成功商店的店經理、職員，應主動考量門市特性、顧客的需求、天氣的變化等因素，對顧客消費行為可能產生何種影響，並適時地調整、應變。

連鎖經營標準化固然重要，但如果不去思考一個政策規定的眞正用意，盲目依循，就會變成一種官僚、僵化，競爭力也會一點一滴地流失掉。

只要用心觀察，自然就會發現許多可以改善、開發商機的空間。也只有不斷主動創新變革，加快應變的速度，才能抓住顧客的心。

大企業的體力，小企業的精神

這幾年，我的很多朋友已經當起阿公，享受含貽弄孫之樂。在家庭生活上，我還沒有到這個階段，但在工作上，已有「三代同堂」的體會。

三年前，在統一集團的次集團發展策略之下，統一超商流通次集團這個虛擬組織誕生了。當時超商直接轉投資的公司只有二十家，如今增為三十二家。對這些子公司來說，統一企業有如第一代的大家長，統一超商是第二代，這三十二家公司，則是第三代。

為了讓這個事業集團，隨著規模擴大而創造更好的經營效益，這三年來我們所採用的是資源共享、共創商機、知識管理、學習性組織運作模式。從轉投資事業的表現愈來愈上軌道，母、子公司之間，以母雞帶小雞的運作模式，逐漸發揮「以有限資源創造最大效益」的效果，即可看出這樣的策略是正確的。

台灣產業結構，以中小企業爲主，其中很多經營方向可能是對的，但因「體力」不夠，以致後繼無力，很快就由盛而衰，相當可惜。

也有一些大企業，由於組織日益龐大，再加上多角化的策略，往往形成大恐龍效應，無法快速因應環境的變化調整，可見大企業也需要保持小企業的彈性與衝勁。

讓足以自立的部門獨立成公司，進而回頭服務母公司，甚至開拓更多商機，是避免組織無限制擴張，又確保運作效率的最佳模式，在此同時，也可降低子公司的經營風險。

統一超商流通次集團的這些子公司，因成立時間不同，有的不到一歲，有的才幾歲，如果單靠它們自己的資源，經營起來一定很艱苦，風險也高，母公司也會輔導得很辛苦。所以三年前，統一超商就成立資源共享的機制，讓子公司可以共用母公司的後勤支援系統與服務。

這種資源共享的機制，讓集團旗下的事業，擁有大企業的體力，但仍保有小企業的彈性靈活精神，這樣也可以讓整個集團的投資和運作產生更大的綜效。

企業集團，有如一個家族，子公司往往是由公司的部門獨立出去的，就如同兒女大了，自己另組小家庭一樣，獨立生活，但仍應與家族密切互動，形成強勁的支援系統網絡，這也是中國人傳統的一部分。

企業或集團也像是一個足球隊或棒球隊，所有成員必須互相合作才能贏得比賽。當然公司的各部門獨立出去後，彼此間難免會有對立衝突。如果大家有共識，就可以互相體諒、扶助，甚至共創商機，互蒙其利。

當一個家庭或集團，沒有界限時，它的效益可以是極大化的。所以，集團關係事業除了資源共用，更重要的是要彼此相互扶持、互相支援。

母公司與子公司間的互動模式，不能完全利益導向，母公司要給予希望、引導，子公司之間要思考如何提供最好的服務與產品，雙方不能只從利潤的角度思考，要如兄弟般互相幫助提攜，才能維繫良好的互動關係，進而聯手創造更大的效益。

爲了建立這樣的機制，統一超商流通次集團，比照社團異業交流活動的形態，有各種定期的會議；但不論什麼會議，其主要目的是在傳遞與交換訊息，互相學習成長、激發創意與發掘彼此合作的機會。

最近這一年，這三十二家公司不但視商圈需要，一起到統一超商經營的綜合商場開店，也擷取會中提出的好點子，各自發揮運用，或互相結合行銷，這樣的例子愈來愈多，企業集團的花園才會愈來愈茂盛，結出更多的果實。

「變臉」的藝術

以「變臉」等影片揚名國際的華人導演吳宇森，日前在電視上接受訪談時指出，東、西方文化與價值觀的差異，對「英雄」的定義與表現手法不同，讓他在美國電影界一度無法適應而考慮離開。

爲了讓少數民族及年輕人有個努力的標竿，以及前進的動力，他決定留下來，克服所有的困難，並設法融合東、西方的精神，將更多人性的元素放入動作片中。原本定位爲科幻、暴力片的「變臉」，就是因此而打動觀眾的心。

在「變臉」一片的後段及結局，吳宇森本來的劇情安排，與演員、片商的意見不同，但他在拍完後，分別讓演員及觀眾看試片，自行比較，最後不但男主角同意重拍，片商也同意修改結局，讓劇情更符合人性。

融入顧客的情境，以人性化打動人心，正是吳宇森成功的原因。電影是藝術，也是一種商品，自然少不了這個元素，難得的是，吳宇森以一個華人，可以在西方人的世界，成功運用這項行銷原則，並把東方的精神融入。

在商店的貨架上，商品面臨的挑戰更嚴苛，一項商品的命運，往往在短短幾秒鐘內就決定了。顧客是否會被商品吸引，決定是否購買，就在剛接觸到商品的那一剎那。商品開發及行銷人員，除非能徹底將自己融入顧客當時的消費情境中，否則無法在這幾秒鐘內決勝，獲得消費者的青睞。

所謂徹底融入顧客情境，不是一廂情願的想法，而是發揮同理心，真正的融入對方的生活情境，設身處地的體會他們的想法、感受與需要。商品開發人員需要關照的不只是產品內容，還包括商品的容器、包裝、顏色的搭配、賣相、命名、價格、服務，甚至陳列的方式、推出的時間等也不能輕忽。

以扭轉統一超商便當銷售的鮮食商品「國民便當」爲例，一開始，商品開發人員本來研發出十種配菜，但價格一直降不下來，後來，我們就轉個念思考，消費者或許不需要這麼多配菜，卻寧願價格低一些。

因此，後來我們就以七種配菜、四十元的價格推出國民便當，由於售價低於當時大部分消費者一餐的花費，許多人因此願意嘗試購買，就這樣打開了 7-ELEVEN 便當的市場。

另如，目前許多便利商店都在販賣湯麵，由於這種鮮食微波後會燙手，商品包裝設計時，就應該規劃有方便的提把，否則客人購買加熱後，無法輕鬆帶走。這個問題如果沒有克服，再好吃的食物也很難賣得好。

日本無印良品的生活百貨用品之所以暢銷，並且深受年輕人愛用，也是因爲開發的過程，充分融入顧客的生活情境。

例如，該公司在開發設計電視收納櫃之前，先針對目標族群——女性大學生在電視機上放置用品的情形，拍攝許多照片回來，參考她們的各種生活形態，設計出最適合她們需求的收納櫃。果然，產品一推出後就大受歡迎。

此外，服務的方式與態度，也需要多一分「體貼的心意」，才能打動顧客。

有一次，我到日本去出差，在便利商店買了需要微波加熱的食物，店員在幫我微波的同時，我就在雜誌架前翻翻書報雜誌等候，正看得入神時，店員已拿著微波好、裝入袋中的食物，走到我的身邊，親自交給我。這樣的服務精神，就讓身爲顧客的我相當感動。

傾聽顧客的聲音，固然是掌握顧客需求的好方法，但何妨隨時都讓自己學習融入顧客的情境。

走在街上，我會隨時觀察來來往往的行人，注意不同的商店、景象，除了用眼，也用心去感覺。不論在國內、外，通常進入一家商店，我會看看別的顧客注意什麼，買些什麼，貨架上哪個位置是大部分顧客會伸手去拿取商品的，漸漸的，這已成爲一種習慣，久了，自然較能體會消費的動向。凡事用心，就會有收穫的！

處處有風景

前幾天，帶妹妹一起去住家附近登山，沿途，我拿著數位相機對著路邊的野花、野草拍照，她不解地問我：「你爲什麼到處亂拍啊？這大概是數位相機不必花沖洗費的好處吧！」

回家之後，我把數位相機連接電腦，將之前登山拍攝的照片，一張一張地「秀」給她看。當她看到一叢叢綠意盎然、充滿生氣的野草，芒草劃過空中的蒼勁線條，以及白色小花迎風搖曳的景象，不敢置信地說：

「原來這就是你剛剛亂拍的畫面，同樣走一條路，爲什麼我都沒有發現到路邊的景色是如此美麗，而你卻注意到，並且用鏡頭把它們捕捉下來呢？」

這個例子，說明了萬物皆有可觀之處。

我並非觀察力特別好，而是多年來，因爲工作及興趣的關係，已養成留意身邊周遭事物的習慣。最重要的是，學會從生活中多多體悟萬物美好的一面。

其實，能夠讓自己成長的知識，不是只有書上或演講中才有，生活中處處有「黃金」，只有培養「慧眼」，才能適時地發掘。而隨時用心，並且動手把好的點子實現，往往可以讓人有意想不到的收穫。

念大學時，我常利用課餘時間到家中開的書店幫忙。某年耶誕節，我觀察到耶誕裝飾品的銷路不錯，因此向大哥建議，可以設法批一些應景飾品在書店銷售。

當時，松果是相當受歡迎的耶誕飾品之一，但是進貨成本不低，我靈機一動，決定採取DIY的方式，先跑到台中后里一帶，揀了一大袋松果回家，然後在松果上噴銀粉，並用圖釘將尼龍線固定好，再吊起來販賣。

結果，這批沒有什麼成本、手工自製的松果吊飾，很快就被搶購一空。

喜歡觀察，注意細節，或許與我喜歡攝影有關係。從年輕時，我就經常帶著照相機，四處擷取美好的景象。透過鏡頭，看到的世界格外美麗，也發現到許多容易被忽略的細節。經年累月的觀察，不知不覺地就培養出比較敏銳的觀察力，以及從多種不同角度看事物的本能。

坦白說，這樣的訓練，不但讓我的生活多了許多趣味，也對工作幫助不小。

以產品包裝設計爲例，許多人都忽略它的重要性，但只要出國或逛街，我最愛看、且會拍攝下來的，就是美麗的設計與店頭、櫥窗等。

台灣有很多美味的地方名產，但缺乏好的包裝設計，其實成功的設計，可以讓商品售價高出好幾倍。台灣企業也多半把研發的資源，放在產品的功能和技術上，卻忽略了外觀和包裝的設計。商品開發人員通常把這種工作委外給廣告和設計公司，自己的參與相當有限，這樣很難有效提升產品的包裝水準。

近年來，統一超商的成長目標由「量」轉爲「質」，所謂「質」，除了指產品的品質、口感提升，包裝設計當然也是重要的一環，但「質」的定義實在很抽象。

爲此，我爲行銷部門的同仁上課時，特別把平時蒐集到的國外有關行銷、陳列、門市設計等資料，一一秀給他們看，讓他們從具體的圖像中，體會好的設計與包裝，以及簡單、均衡、調和之美。

商品行銷或研發人員要參與包裝設計，需要有美學的概念與素養，多多觀察、多多體會，品味生活中美好的一面，是最直接有效的方法。一旦累積了更多美好的生活經驗，美感與品味自然會提升。

今天，大家經常抱怨社會如此紛亂，其實只要用心觀察，就會發現，有不少好的範例值得表揚學習。凡事不要只看醜陋的一面，動不動批評動氣，學習包容別人，心境可以保持平和，生活也會更自在。

當然，這樣說來容易，做起來卻不簡單。包容別人的胸懷，和美學的觀念一樣，也是需要學習，不斷去體會、感受、運用、累積而來的。

標竿學習無所不在

最近看了一本書《咖啡夢》（*BEANS：Four Principles for Running a Business in Good Times or Bad*），出版社以「一家小店打敗Starbucks的傳奇故事」爲賣點，吸引讀者，書中寫的是位於西雅圖市中心的「濃縮咖啡館」的經營成功之道。

在有咖啡城市之稱的西雅圖，到處都是咖啡店，而且不乏知名連鎖品牌。但這家只有二十平方英尺大、兩張桌子的小店前，每天都有顧客大排長龍，等著買一杯咖啡。

濃縮咖啡館的老闆是一對年輕夫妻，他們和三、四十位員工，共同創造了另一個咖啡傳奇，成功的關鍵則是「四P」，只是，這四P指的是熱忱(passion)、人(people)、個人化(personal)，以及產品(product)，而非一般行銷學上所說的四P。

這個故事印證了，小型單店不是沒有存在的空間，全看經營者的態度、理念及策略。最重要的是，老闆應視員工如家人，因爲，有好的老闆，才有好的人才、好的服務，進而帶來忠實的顧客。

統一超商位於台南市新豐區的一家門市，老闆夫妻加盟時間約僅三年，但經營得相當成功；老闆娘在向顧客推薦預購年菜時，不是只顧著把產品推銷出去，還同時會教顧客如何把食物料理得更好吃。她的經驗，眞正讓顧客受惠，所以顧客會持續回頭購買。

這對加盟主與顧客之間，也建立起深厚的互信關係與默契；行動不便的殘障人士前來消費，不用下車進門，只要在門外比一比手勢，加盟主就會把顧客需要的商品拿出去給對方。

這些貼心的服務態度與技巧，其實都不在加盟店經營規範中，完全是加盟主自己用心發展出來的，可見，只要用心對待顧客，不但可讓營運更順利，自己也會樂在其中。

不論是個人、企業或社會，在發展過程中，都需要標竿學習。統一超商近幾年在《天下》雜誌的標竿企業選拔中，連續上榜。有些中小企業可能會認爲自己的資源不夠，再怎麼學習改善，也無法達到我們今天的水準，所以往往會放棄自我挑戰的機會。

其實，生活中，很多人、很多事，都可以成爲學習的標竿；只向最好、一流的標竿學習，未免太過狹隘，何妨放寬眼界與胸懷，只要別人有我所沒有的長處，或擁有另一個領域的專業，就值得學習、吸收其精髓。

在成長期的摸索中，選擇適當的標竿，可以讓自己前進時有所依循，減少跌跌撞撞的機會。但是，一旦站穩腳步，就要仔細思索自己的定位，建立自己的風格與特色。因爲，一味的模仿，充其量只是別人的影子，既容易被取代，也無法更上層樓。

統一超商草創時期，虧損連連。但美國或日本7-ELEVEN經營成功的例子，讓我堅信，這樣的業態在台灣一定行得通，只是要經過調整與轉化。

所以，統一超商就以美、日的經營模式爲藍本，再加以本土化，客層定位從家庭主婦轉爲青少年、上班族，開店策略也從社區轉移至交通主幹道，甚至人潮多的三角窗店面，商品結構亦隨之調整。

日本便利商店比台灣發展的腳步早了約十年，鮮食銷售額比重高達三成以上，我們預見台灣市場會有同樣的需求，所以多年前就開始引進發展。起初照著日本的軌跡走，推出飯糰、壽司等，接著推出日式便當，卻遭遇重重困難與阻礙。最後，根據國人的飲食和口味習慣，調整爲本土化的便當，才獲得國人的認同。

可見，標竿學習不是盲目的，必須依照客觀的條件、環境，適度、適時地調整，才能走出自己的路。

曾經，宏碁集團二十一世紀要建立二十一家子公司的遠景計畫，讓我興起「有爲者亦若是」的想法，並與統一超商幹部們訂出「二〇〇〇年兩千家7-ELEVEN」的願景。

在設定願景的同時，我們先計算好須投入的資源，並規劃執行的步驟等，然後朝著這個目標去做。結果，在一九九九年，我們提前一年達成了兩千家7-ELEVEN的目標。

標竿學習可以讓人勇於築夢，但只有經過完備的計畫與落實執行，才有可能夢想成眞。

帶人帶心的領航家

（攝影／徐重仁）

輕鬆重溫美食記憶

SARS疫情減緩之後的周末假日，與家人一起到鼎泰豐用餐。這家一向生意鼎盛的知名餐廳，再度恢復人潮，連電視台都特地前來拍攝，反映消費者開始回流的現象。

鼎泰豐的湯包等麵點小吃，是該店的招牌，也因此被引進日本高島屋百貨開店，爲了吃到這個道地的中華料理，日本消費者趨之若鶩，甚至不惜排隊等候一小時以上。

日本的鼎泰豐爲了減輕顧客等候的焦躁不安，也爲了讓服務流程順暢，會先發號碼牌給顧客，並讓顧客先點餐，等到顧客有座位了，很快就可以上菜。這樣的服務流程，對顧客是一種貼心的設計，也更能凸顯其食物的美味，因此即使經常需要排隊，總是能吸引許多顧客光顧。

過去在台灣的鼎泰豐用餐，最大的困擾是生意太好，要等太久，或還沒吃完，就有其他顧客在桌邊等候，讓用餐者無法安心享用美食。

這一次光顧，我發現台灣鼎泰豐的服務流程也有了明顯進步，同樣可以在等候時就先點餐，上菜速度也滿快的，這種改變和在日本開店應該有關。

除了鼎泰豐，台灣餐飲業跨入日本市場的，還有天仁茗茶的喫茶趣、鬍鬚張魯肉飯等，相信這些品牌被引進日本後，憑著優異的產品競爭力，加上日本人的服務細緻化特色，一定可以成爲更受消費者歡迎的品牌。

如果這些連鎖總部，在獲取授權加盟金的同時，也可以擷取自己的品牌在日本市場的經營優點，應用在台灣的門市，不啻是讓品牌再升級，服務更貼近消費者的需求，發展空間將更大。

其實中華美食文化，蘊藏著如金礦般的豐富商機，就看你是否能把商品現代化、服務精緻化。

我們每天吃著傳統的台灣料理和中華美食，視之爲當然，但在外國人的口中，卻有如珍奇美味，更讓他們驚嘆喜愛的是其間蘊含的豐富飲食文化。

所以，與其說餐飲是販賣食物，滿足口腹之欲，不如說是提供一種感官和文化的體驗之旅。許多人成長的過程與記憶，都與飲食脫不了關係。要如何讓消費者對美食的記憶可以滿足或重溫？

統一超商之前推出的台南小吃系列鮮食，就是在這種想法下誕生的。大約兩年前的一個周日，身爲台南人的我，爲了回味家鄉小吃、解解饞，和太太一起參加在台北市天母公園舉行的一場台南小吃品嘗會，當天這個活動吸引了不少人潮，我們擠在人群中，買了一碗台南有名的當歸鴨麵線就地品嚐。

這種熟悉的美味，不禁讓我回想起自己的成長過程。但同時也忍不住惋惜，爲何台灣各地如此多的美食小吃，不能讓人更方便、更舒適地享用。所以後來建議公司內的鮮食開發小組，與台南的傳統小吃業者合作，開發了一系列台南小吃美食，讓消費者可以隨時方便地品嘗。

這樣的概念演變爲成功的在地行銷案例，不但用於複製其他美食小吃的開發，也被其他同業參考引用，掀起一波地方傳統小吃熱，關鍵就在於它滿足了消費者重溫美食記憶的需求。

商業與美景的結合

二〇〇三年七月十一日的墾丁，天氣熱到最高點，我的心情也和溫度一樣high，由於墾丁小灣旅客服務中心商場的開幕，不但統一超商及流通次集團的許多幹部、員工都從全台各地，來此幫忙、加油，就連許多加盟主，也攜家帶眷的到墾丁共襄盛舉，導致墾丁的旅館住房爆滿，讓我十分感動。

這樣的情誼，不正是連鎖加盟事業精神的表現？作爲連鎖加盟事業的總部，我覺得自己要做得更好，不斷開發經營的空間，讓加盟主能更無後顧之憂的創業，進而爲地方提供更多就業機會，帶動地方經濟繁榮，這也是台灣的希望。

墾丁是台灣唯一的熱帶風景區，除了有美麗自然的海景，還有特殊的植物景觀和山景。

清晨五點，我沿著墾丁海邊散步，海風拂面，呼吸著帶有鹹味的空氣，看著渾然天成的珊瑚礁和金黃色的貝殼沙，深深覺得墾丁眞是「台灣的夏威夷」，難怪每年可以吸引五百五十萬人次到此一遊，這個數字是台灣全年外國觀光客兩百七十萬人次的兩倍，人氣之旺可以想見。

根據墾丁當地商家反映，墾丁的人氣也受到SARS及不景氣的衝擊，對於統一超商墾丁小灣綜合商場的開幕，商家和當地人士都十分歡迎，他們認爲它爲墾丁帶來的不只是商機，而是希望，除了可以吸引更多觀光休憩人潮回流，最重要的是可以提升商業水準。

有人認爲，統一超商由單一的超商門市，跨入綜合商場領域，進駐各風景區或工業區，可能剝奪當地商家或小型商業的生存空間。實際上，統一超商綜合商場的進駐地方，主要是爲善用當地資源，繁榮當地經濟和再造商機，希望能夠藉著新商業模式，拋磚引玉，帶動當地的商業、消費和服務提升。

而且，在綜合商場中，不但有統一超商的加盟主，也有更多當地的商家。清境旅客服務中心內的7-ELEVEN，就是由當地的加盟主開設，由於這個旅客服務中心的開幕，這位加盟主可以以有限的資金，回到家鄉創業，提供當地鄉親就業機會。

這個例子顯示，連鎖加盟事業不只限於都會區，也可延伸到鄉鎮社區、甚至高山上，這也正是連鎖加盟的效益。

連鎖加盟事業，就是大企業與個人合作共同創業，無所謂大吃小的問題，而是二十一世紀要走的路。統一超商三千五百多家店，百分之八十六都是加盟店，也就是說有三千多位加盟主組成的小公司，與統一超商總部合作經營這個事業。

這是一種社會資源的有效整合，除了讓更多人實踐創業的理想，創造就業機會，也降低投資風險及社會成本。

但爲了保障加盟主，連鎖總部必須更謹慎、步步爲營，憑著良心爲加盟主設想，兩者才可以成爲長期而緊密的合作夥伴，讓連鎖加盟事業永續發展。

連鎖事業市場固然較大，但商業發展是多元化的，傳統商家和知名老店、個性化商店，也有其生存空間。

許多人不遠千里，搭了四十八小時的飛機，就爲了到巴西里約熱內盧山上去看聖母像的神蹟。墾丁、甚或台灣，除了以自然美景取勝，更重要的是，如何營造一個讓觀光客樂此不疲的地標或消費環境；畢竟再好的觀光資源，也需要政府、民間和大、小企業，整合彼此力量與資源，共同維護經營。

台灣第一，世界一流

二〇〇三年八月初，從美加出差回來，就趕去台中埔里和清境，參加今年統一超商流通次集團三天兩夜的共識營。其間，所有集團公司的總經理和部門主管，還一起早起看日出、登上合歡山頂。

隨著流通次集團規模的擴大，近幾年來，我們每年都會舉辦一次年度的中期計畫發表會，會議有時在國內舉行，有時在海外。二〇〇三年不但在國內舉行，形式也不同於以往。除了由各公司總經理發表未來三年的計畫和目標，彼此互相學習砥礪，透過一些聯誼活動，讓主管們像一家人一樣共處幾天，眞正拉近了彼此的距離，相信對強化內部凝聚力很有幫助。

在共識營中，各公司總經理都訂下三年內獲利的目標，這固然很好，但爲了讓各公司都有長遠發展的目標與願景，我特別提出「台灣第一、世界一流」的概念，希望各公司總經理放大心量與視野，除了以「台灣第一」的企業自許，更要朝「世界一流」的公司邁進。

之所以如此，是希望大家不要像井底之蛙一樣，以「台灣第一」自滿，應該以一家國際一流的同屬性企業爲標竿，努力觀摩，學習它的優點與長處，只要長此以往，終有一天可以成爲世界一流的企業。

統一超商就是透過不斷與美國、日本7-ELEVEN的比較、學習而提升經營水準的，如今有些地方甚至做得更出色。

世界一流不只是一個口號，更重要的是砥礪經營者的磨心石。企業經營環境日益艱難，已經到了生死存亡的關頭，經營者不能得過且過，必須有攀登頂峰的胸襟與決心，才能突破困境，通過市場汰弱留強的生存考驗戰，進而讓企業成長、領先，達到世界一流的水準。

而且，身爲領導者不能經常給自己太多理由與藉口，抱怨環境不好或條件不夠充足，抑或老闆不夠授權，必須有破釜沈舟、義無反顧的決心，才能帶領企業前進。

一個公司的部門也是一樣，如果部門主管抱著多一事不如少一事的心情工作，久而久之，這個部門就會成爲組織中可有可無的一環。相反的，如果部門主管抱著做事業的企圖心，不怕承擔更多責任、做更多事，不斷培養人才，部門的重要性也會更加提升。

或許有人認爲，要成爲世界一流的企業很難，其實人往往會對自己不了解的事產生恐懼感，就好像登山時迷了路難免慌亂害怕，但只要找到正確的方向，有足夠的裝備，就會有信心嘗試陌生的道路，逐漸走出坦途。

這次在加拿大、美國，看到許多超級市場，經營形態都有明顯的轉變。

例如在華人眾多的多倫多，一些西方連鎖超市，眼看定位在華人市場的大統華超市經營得很成功，也開始在賣場中設立東方風味區，把燒臘、熟食、海產等攤位出租給華人經營，以吸引更多華人上門消費。

由此看來，華人超市在海外仍有很大的發揮空間。

這也給我一個啓示，台灣的企業要跨足海外，與其坐在家中不斷思考規劃，不如在縝密思考、充足準備之後，大膽起而行去嘗試。

只要能把台灣成功經驗移植，結合當地市場環境與需求，加以調整，未嘗不能發展成爲世界一流的企業與品牌。

讓他單飛吧！

孩子長大了，父母要學習放手讓他們單飛，最近我常如此勸一些為人父母的朋友。

其實，我對自己的兩個兒子，也是採取這種態度，所以大兒子在日本研究所畢業後，選擇留在當地的高科技公司工作，我也樂觀其成。大部分做母親的往往會不放心，這也正是許多老闆或企業經營者的迷思。

許多中小企業在權威式、人治管理的企業文化下，一切由老闆主導，員工做事多半以老闆的主觀、好惡為依歸。

例如老闆隨時想開會就開會，與外部談生意或策略合作，都是老闆說了就算，有交情者很容易就可以做成生意，沒交情者就照規矩來，在這種狀況下，不但老闆不在就做不成事，員工也會養成被動的思維模式和工作習慣，對企業而言是一大危機。

企業經營成敗的關鍵，在於經營團隊。做老闆的如果要讓企業運作上軌道，提高經營效率，甚至成爲國際級的企業，就必須跳脫處處以老闆爲中心的企業文化，建立團隊經營的制度，並適度授權。

但究竟該如何做，才能讓幹部主管逐漸養成「單飛」的能耐，又能讓企業發揮最佳效率呢？

授權的第一步是適才適所，選擇合適的人才做適當的工作。選才用人，最重要是看其是否具備工作與學習的熱忱，以及無私與創新的精神。

只要具備上述條件，這些人才都可以透過適度的授權與培養，成為可以獨當一面的經營者。

統一超商流通集團次集團三十二家子公司的總經理，很多都是如此培養出來的，他們在接手新事業之前，往往對這個領域全然陌生，但結果都可成為專業的經營者，並且創造出好成績。

我的經驗是在授權的過程中，領導者有責任帶領經營團隊朝正確的方向前進，並且因應快速變化的環境，做出迅速而明確的決策。

接著就是建立制度化的運作模式，讓每一階層的幹部養成解決問題的習慣，以及主動創新、革新的精神，調整工作方法和作業流程，不會動不動就把問題扔給上層主管或老闆。如果老闆不肯或不放心授權，是無法形成這種氣氛的。

這樣做難免會有錯誤與風險，企業一方面要有嘗試錯誤、擔負風險的準備，也要設法把風險降到最低，所以領導者必須適時提供輔導與協助。

例如，有些工作可以讓主管放手去做，有些工作則須由領導者親自帶著經營團隊及員工一起做，讓他們從做中學，累積成功的經驗，這樣的學習效果最佳，風險也最低。

許多公司員工的工作時間愈來愈長，但這樣不見得是最有效率的。我認爲效率必須透過不斷檢視、改善與改變事情的作法，適當的分工合作，才可能做得到。企業透過授權，可以培養員工主動解決問題與改善工作流程的精神，並提高運作效率，身爲主管的人，更應具備這種能力，否則不足以擔當大任。

我常常會提出一些「點子」或想法，供商品開發同仁參考，但我最擔心的是，他們一直陷在我的點子框框裡，不能有更多、更好的創意出來。

實際上，這些點子的用意在於拋磚引玉，必須舉一反三，做更多的發揮、嘗試，才會有更多成功的案例；統一超商的便當、漢堡，就是透過這種不斷嘗試、改進的過程，才由過去的不成功，變成暢銷商品的。

借力使力創商機

國內許多年輕消費者，是吃著麥當勞漢堡，跟著7-ELEVEN長大的，台灣許多零售服務業，來自歐美、日本，這些流通服務業在標準化的旗幟下，逐漸本土化，發展出特有的風貌。

台灣已逐漸步上連鎖化的時代，消費者愈來愈仰賴這些現代化的商業，隨著服務業在國民生產毛額的比率持續升高，政府也開始制訂相關輔導政策，希望能加速推動服務業成長。

前一陣子參加一些座談會與研討會，卻發現一個危機，那就是大家對流通服務業的界定，還沒有明確的共識，如果一開始就把目標訂得太廣、太大、太遠，反而會有不知如何著手的問題。

不如鎖定明確目標，集中焦點，從比較可行的先做，才能跨出改造的第一步，否則台灣流通服務業無法走出更大的格局，更別提進軍國際市場。

除了倚賴政府建立良好的經營環境、提供助力，業者本身在這塊土地上的精耕與創新，更爲重要。如果在本土熟悉的環境，都無法運用既有資源持續成長，如何能在國外成功，進而成爲連鎖加盟營運總部與技術的輸出者？

日本許多連鎖品牌和業態，都是從國外引進的。早從三十年前開始，包括伊藤榮堂名譽會長伊藤雅俊、經營Jusco量販等流通業的AEON集團名譽會長暨顧問的岡田卓也、大榮集團前會長中內功等日本的流通業經營者，不但很早就帶領同業到美國取經，並成立流通零售業促進小組（類似連鎖加盟協會的組織），透過考察交流，積極推廣連鎖加盟產業的發展。

他們的零售事業生涯和集團，都是由模仿起步，其間也有許多嘗試失敗的經驗，但他們會一試再試，並因應本土環境的差異化和需求的變化，不斷創新研發經營形態。不僅如此，也會落實執行國外連鎖業的經營技術和標準化作業流程，並從中累積扎實的複製基礎。也就是說，和幼兒學步一樣，要先穩住腳步，然後再嘗試變化，其間沒有速成的捷徑。

例如，中內功曾效法美國知名零售業潘尼百貨(J. C. Penny)的薄利多銷概念，在大阪開設一家藥局，專走平價路線，由於經營相當成功，許多東京人到大阪出差必定上門光顧，因而引起其他藥店同業的抗議。

如今日本流通服務業的樣態十分多樣化，這些流通業的始祖開疆闢土、鍥而不捨的努力，實在功不可沒。身為流通業的經營者，他們一直都是我學習的榜樣。

在科技的進步下，人類的生活形態不斷變化，新的需求也持續被刺激出來，許多新的商業模式應運而生，科技及創新觀念的運用，也賦予老行業新生命、新商機。宅急便引進台灣，爲統一超商流通次集團開發新商機，同時協助地方特色商品解決物流與金流的問題，就是一個最典型的例子。

日本知名的零售業Sony Plaza，則是另一個成功掌握生活形態變化的例子。這個通路商品內容包羅萬象，有家庭用品、家具、玩具、保健、美容保養品及相關雜貨、戶外和嬰幼兒用品、流行服飾、自有品牌和季節性商品等。賣場和商品規劃，都以不同消費族群的生活形態爲思考點，所以可以抓住消費者的需求。

在高齡化趨勢下，日本不但出現看護產業，百貨公司也有看護用品專櫃。台灣目前也開始有這種趨勢，醫院附近的連鎖藥局，都開始賣起成人紙尿褲等各種相關用品。

資訊科技對商業模式的影響更大，如今許多大學生都透過網站販賣自行從國外買來的產品，傳統製造業也可利用資訊科技改變生產和銷售流程。這些科技與社會的轉變，都是台灣連鎖加盟服務業升級和轉型的好機會，也提供服務業更大的創新和改革空間。

連鎖化固然就是要落實標準化，但並不表示不能差異化，在競爭日益激烈的現代商業環境中，不能持續同中求異的企業或品牌，將難以逃過競爭淘汰的洪流。

大的連鎖企業可以從傳統和特色商業中，擷取差異化的點子，創造同中求異的效益。傳統商家或個性化獨立店，則可學習大型連鎖標準化的經營手法，甚或透過策略聯盟，借力使力，跨越規模限制的瓶頸。

孕育明日之星

統一企業董事長高清愿一向熱心社會公益及回饋鄉里的活動。二〇〇三年八月二十八日一大早，在他的帶領下，統一集團總裁林蒼生、統一中國副董事長顏博明、統一中央研究所所長李華揚、統一證券總經理溫鴻緒、南聯貿易總經理涂如肯和我，都特別撥出時間，一起參加由教育部委託台南一中舉辦的青年領袖營，和一百位從全台灣高二學生中選拔出來的優秀青年領袖代表座談。

當天，我們幾個人分組與這些青年學子座談，每位學生代表都很聰明活潑，勇於表達自我。他們不但是各學校的菁英分子，參加座談前都做好功課，蒐集許多資料，對統一企業集團和經營階層都有相當了解，所以提出的問題也很深入，有的甚至頗爲尖銳。

在我所主持的這場座談中，讓我印象比較深刻的問題，包括「年輕人該如何創業」，顯示現代社會的創業年齡層在降低中，這也是SOHO族愈來愈多的原因，「現代的後生」的確可畏。

這次的經驗讓我想到，面對新生代的價值觀快速改變，企業也應該調整每年畢業季定期舉辦校園徵才，以及新人進入企業才開始培育的策略，而應提早走入校園，開發養成人才。

企業提早進入校園，讓學生充分了解社會和企業發展，除了可以及早培育未來更適合企業雇用的人才，縮短養成的時間，同時也讓學生更早找出自己的人生方向，做出正確的就業選擇。

建教合作的模式，也應該由以企業爲教育訓練基地的現況，改變為以校園為主。企業可以適度把一些專案委託合作學校執行，讓學生從做中學，也對企業的運作和需求有具體的了解。

日本一項針對小學生和青少年的調查顯示，現代的青少年對於自己的未來，不但不像過去的小孩一樣有「當醫生或科學家」等遠大目標，反而對什麼工作或職業都沒有興趣。

針對這種現象，日本教育體系也開始進行教改，其中一所公立學校甚至在校園內，成立了戶政單位、7-ELEVEN便利商店等設施，讓小朋友從角色扮演和工作中，親自體驗實際生活，希望能藉此激發他們對生活和工作的熱忱。

坦白說，現代年輕人了解自己志趣、早早做好生涯規劃的並不多。許多企業常在畢業季來臨前，安排密集的校園徵才活動，但這些活動對企業和即將步入社會的大學生來說，似乎都略嫌太晚，資訊也嫌不足。

台灣企業不妨比照美、日企業的實習制度，讓學生在畢業前有機會到企業實習，並以此作爲徵才和就業的重要甄選條件。

以統一超商爲例，我認爲現在應趕緊進入校園，規劃一系列有關學生訪問企業的活動，提供學生實習的機會，讓年輕人更了解我們的企業和文化。

如此一來，年輕學子可以更了解企業的產業特性與工作內涵，也容易發現自己的興趣，縮短盲目摸索的時間，提早在相關領域自我充實，做好就業的準備。

人才培育工作如果可以提早在學校裡展開，企業培育新人的成本和時間，就可以相對地降低、縮短。

建教合作也是很有效的人才培育管道，但目前常見的作法是，企業爲了人力的穩定，與特定學校合作時，讓學生花大部分時間在企業內實習，如此學生往往沒有足夠的時間，在學校裡學習基本而完整的專業教育課程。這樣做是本末倒置，建教合作仍應以學校爲主要基地，而非企業。

加盟主眼中的幸福

一位年輕的門市開發人員，在統一超商內部刊物寫了一篇文章，感念一位剛過世的7-ELEVEN房東。據這位房東的子女轉達，老先生過世前曾特別交代，店面如要出租，一定要租給統一超商的這位開發人員。

這樣的情誼令人感動，也提醒我們要做得更好，才不會辜負房東的支持。對於加盟主，連鎖總部也應以此自勉，視加盟主如家人，與其建立生命共同體的深厚情誼，以提供更好的創業機會與環境爲目標。

企業有如一個大家庭，不但應視員工如家人，提供足夠的舞台，讓熱忱認眞的同仁發揮，對加盟主更要如此；除了協助加盟主與總部共同成功創業，也要關注他們實際營運操作上的困難，以及生活層面的問題，如此才能眞正激勵加盟主。

連鎖加盟總部與加盟主有如生命共同體，總部必須能讓加盟店賺錢，總部本身才有機會成長，所以總部必須不斷提升經營專業和管理效率。

我常告訴負責門市營運的區顧問，加盟主就如同連鎖總部的顧客，總部應以追求顧客的滿意爲目標，而不是只管招募新人或開新店。

加盟主也要有清楚的認知，不是單靠著加盟連鎖品牌，就能不努力、輕鬆過日地達到賺錢的目的。

賺錢固然是創業的目的，但加盟主如能抱持「帶給別人快樂」的心情經營門市，比一味地追求賺錢更有意義，也可能創造更多的成就感與人生價值。

統一超商目前的三千五百多家門市中，已有百分之八十六是加盟店，其中不少是資深加盟主，也有更多新加入的，但最令我感到欣慰的，不只是加盟比率的提高，而是從許多加盟主眼中看到的幸福感。

雲林縣土庫鄉的一家7-ELEVEN加盟店，原是一家家族式的麵包店，店主是一對夫妻，他們在加盟7-ELEVEN之前，從早做到晚，相當辛苦，但是加盟統一超商之後，得到大型連鎖總部完整專業的後勤支援系統，做生意的方式更有效率。最重要的是，全家人的生活品質大幅提升，並可以對社區居民提供回饋性的服務，爲社會散發更多良質因子。

這對加盟主可以說是個人創業者的最佳範例，他們視門市員工如家人，目前除了經營便利商店，也發揮自己在陶藝方面的專長，在門市闢出一區教小朋友做陶藝，念大學的女兒則利用假日教小朋友彩繪，經常在門市外的走廊舉辦藝文活動。

這樣的情景多麼溫馨，眞正發揮了「社區好鄰居」的精神，也印證了選擇合適加盟主的重要性。

加盟主是企業經營的長期夥伴，甚至可能延伸到整個家族或好幾代，連鎖總部一定要把握「愼始」及「在精不在多」的原則，找尋志同道合、且對事業經營有熱忱的人。

此外，加盟店與總部的權利義務，包括利潤分配、完整後勤支援、行銷規劃、商品開發等，也必須明確清楚，才能建立一定的次序與紀律。

在完善的連鎖加盟制度之下，大企業可以善用創業者的人力資源，與創業成就動機，便能讓門市產生最佳的經營效率。個人也可以在總部的支援下，以有系統的方式，達到最佳投資和經營成效，降低投資風險。如此不但避免社會成本的耗費，也創造了最佳的資源整合效益。

太陽馬戲團的精彩戲碼

好的電視節目和藝術表演一樣，除了休閒娛樂、賞心悅目的功效，其實也有啓發作用。

最近看到日本有個世界名畫賞析的電視節目，以猜題方式，讓來賓和觀眾了解畫作成名的關鍵及背景故事，進而達到藝術推廣的目的。

這個電視節目介紹的都是世界名畫，但呈現的方式卻十分普羅化、趣味化，其中讓我印象深刻的是，節目中介紹了有西班牙最偉大畫家之稱的委拉斯蓋茲(Diego Velazquez)的知名作品——「仕女圖」。

「仕女圖」現存於西班牙馬德里的普拉多美術館，委拉斯蓋茲運用明暗及人物的關係，創造了圖中完美的透視及布局。在這個電視節目中，主持人讓現場和電視機前的觀眾猜測，爲什麼畫中的宮廷畫家和他身後的一大群人，都朝著同一方向看，他們究竟在看什麼？此外，主持人也點出畫中的國王要送畫師一個有錢也買不到的禮物，究竟那是什麼禮物？

又如另一幅「德川家康」的畫作，主持人要觀眾猜測，爲何德川家康要讓人畫下他愁眉苦臉的樣子。答案是當時德川家康與武田信玄交戰，結果慘敗，他爲了要讓自己別忘了這個戰敗之恥，特別找畫家爲其畫出這樣一幅肖像，並且放在臥室裡，時時提醒自己。

這種名畫欣賞的手法，不但趣味盎然，也讓人從此牢記名畫的特色。所以，這種教育方式，其實是最生活化，也是最有效益的。企業的教育訓練，如果都能如此做，不但員工可以受益良多，迅速提升技能與觀念，最終受惠最大的還是企業本身。

加拿大的太陽馬戲團，則是另一個很好的活教材。對我來說，太陽馬戲團是一個不論從行銷企劃、國際化經營等方面，都值得學習的事業。

太陽馬戲團以華麗的布景戲服、精彩的表演，以及不斷翻新的節目著稱。一次看了電視介紹該集團位於加拿大魁北克總部運作的報導，才知道原來「羅馬不是一天造成的」，太陽馬戲團的精彩戲碼，聲譽卓著，也不是平白形成的。

該集團位於加拿大的總部，有如一個研發、行銷企畫和生產製造中心，在海外各地巡迴演出的多支馬戲團團隊，則有如一個連鎖化的表演體系。

根據市場需求不同，太陽馬戲團將不同團隊的表演分眾化發展，分別定位爲東方、西方或其他特色。然後再依定位的不同，設計節目、服裝、道具，而且每年創新、調整節目組合，絕不會一成不變。

也由於集團規模大，太陽馬戲團除了自己設有專業訓練學校，不同的馬戲團需要的服裝、道具、燈光、音響等，也有專屬的工廠生產製作。

更驚人的是，爲了讓馬戲團的表演人員展現最迷人的表演魅力，每位演員都有一個與眞人尺寸相同的模型放在工廠，以方便造型師爲其設計服裝與造型。

這不禁讓我想到，台灣企業如要走進海外市場，必須先建立強勁的營運總部，透過完備的營運制度系統，不斷研發創新，累積競爭實力，才能持續獲得市場的肯定，立於不敗之地。

要達到太陽馬戲團的境界，固然不易，但如果不開始做，就永遠沒有機會，現在開始做，持續累積下去，就會不斷精進，而且會如滾雪球般，成效愈來愈顯著。也只有如此，才有機會成爲世界級的企業。

顧客滿意為事業成功的關鍵

許多人常問我：「台灣便利商店的市場是否已經飽和？」對於這個問題，過去我常說市場沒有飽和，只是重分配，也就是說，在重分配的過程中，有些業者消失或萎縮了，有些則擴大成長，市場占有率反而比原先提高。對後者來說，就沒有飽和的問題。

但是，市場占有率高，是否就代表成功了呢？這的確是一個值得深思的問題。

對企業經營而言，市場占有率看似是非常重要的指標，正如過去統一超商也常在思考：店數是不是愈多愈好？營業額與利潤到底何者重要？

仔細分析，如果沒有利潤，事業的經營並無意義，由此來看，企業的經營效益，反而比營收的多寡和市場占有率更重要，在各種業態界線愈來愈模糊的今天，更是如此。而利潤或經營績效好壞的關鍵，則在於能否讓顧客滿意、感動。

以一九八〇年代曾在休閒服飾業界引領風騷的法國鱷魚牌服飾爲例，當時這個品牌的高品質形象深受顧客青睞，也一直是高品味、高價位服飾的代名詞。

沒想到，後來由於美國地區的代理經營權轉移，業者爲了提升業績，而進行價格促銷，導致利潤大幅下降，不得已只好降低材質和加工水準，結果因此失去了顧客的信賴，市場大幅萎縮，品牌價值也不再。

這個例子給我們一個很好的啓示，經營事業，最重要是滿足顧客，也唯有如此，才會有錢賺。

所以在衝業績之餘，一定要先思考目的何在，否則即使一時達成營業目標，對企業長久經營也沒有幫助，反而可能毀了好不容易才建立起來的品牌或企業形象。

也就是說，市場占有率只是經營事業的參考依據，最重要的考量是市場的前景，以及如何維持顧客滿意度，而不是市場占有率的多寡。

我認爲，能讓顧客滿意、甚至感動，才是事業成功最基本的要素。

全錄企業曾做過一項統計，發現一個很有趣的現象，即當顧客在塡寫問卷時圈選「非常滿意」時，十八個月內再回頭購買的比率，是其他顧客的六倍以上。由此可見，顧客滿意度絕對是事業經營的最大重點。

顧客滿意度決定因素有三，包括商品、服務及形象。顧客常常是憑著直覺，也就是瞬間的感受，決定他是否滿意。依此來看，決勝關鍵就在那最初的五秒。

以商店爲例，店內氣氛、環境衛生、服務人員態度的好壞，決定了滿意度的高低，顧客一進門，心中立刻爲這家店打了分數。然而，顧客滿意度的高低，絕不只是門市人員、店長的責任，而是企業所有員工的責任。

愈是成熟的產業，愈是歷史悠久的企業，更要常常思考，如何運用創意與經驗，不斷提升水準，愈做愈好。不論公司文化、運作系統、商品和服務，都會有不斷改進的空間。尤其要把心力放在顧客服務上，對於顧客需求的變化保持高度敏感，積極改善顧客不滿之處，甚至爲顧客設想，開發出能讓顧客意想不到、卻大爲感動的商品或服務，如此的企業才會有遠景。

《僕人》的啓示

一位加盟主的女兒，送了一本《僕人》（*The Servant : A Simple Story About the True Essence of Leadership*）的書給我，她在該書上寫著：「直覺您就像書裡的西面修士。」

這樣的讚美，我不知道自己是否擔當得起，但看完書後，倒是相當認同西面修士強調「侍奉、犧牲、給予」的僕人式領導管理。做任何事，用權威的方式推動執行，效果不一定更好，真正成功而有效率的領導是，帶人帶心，以德服人，關心部屬的需要，解決他們的困難，進而啓發他們的成就動機。

《僕人》寫的是一個簡單平實、卻發人深省的領導故事，作者以故事性的手法，探討企業高階經營者面臨人生和經營管理瓶頸或迷思時，如何突破自我，找出正確的方向。

西面修士原是一家美國知名企業的執行長（CEO），太太過世後，進入修道院當修士，爲前來禪修的人士進行輔導。其中談到領導力（leadership）、威權（power）與威信（authority）之間的區別。

層次最低的是威權，這是一種利用自己的地位，不管別人的意願，強迫別人照你的決心行事的能力。

其次是威信，這是一種運用影響力，讓別人心甘情願照著你的決心行事的技能。

最高層次的當然是領導力，這是指一種可以影響別人，讓他們全心投入，爲達成共同目標奮鬥不懈的技能。

如何才能培養這種技能？究竟領導者該有什麼特質？《僕人》列出誠信、以身作則、體貼、說到做到、善於傾聽、責任感、尊重別人、不吝鼓勵、樂觀、熱忱及感恩等十大特質。

一九九九年時，我曾提出一個願望，就是在進入二十一世紀之後，統一超商要發揮整合流通產業的功能，並在五年內培養出二十一位企業家。如今五年還不到，統一流通次集團已有三十二家公司，每家公司都有一位領導者，如何讓他們具備上述的特質，成爲稱職或成功的領導者，也是我的一大責任。

每個管理者，由於個性、背景不同，管理風格自然不盡相同，但至少都要有顆誠摯、熱忱的心。唯有如此，才能發自內心地關愛同仁，營造一個環境，讓員工那顆熱忱的心不致冷卻，士氣高昂一如剛加入這個團隊時一樣。

所謂關愛同仁，簡單地說，就是以爲人父母的心情對待部屬，只要站在同仁立場爲其設想，即使是很嚴厲的要求、指正，同仁也會理解，並虛心接受改進。這樣的領導者，可以讓員工在組織內得到歸屬感，學習自尊、自重，進而產生強烈的動力，在企業內自我實現。

「用心投入，開放胸襟」（put your heart, open your mind），則是領導的另一個重要關鍵。對人，凡事用心，可以觀察到許多細節，讓你更能掌握員工的心思與需求。對事，則可發覺許多問題及機會。開放心胸，可以廣納好的意見，擴大視野，讓自己不致被偏見蒙蔽。

人生一大樂事，是與一群志同道合的人，往同一個方向前進努力，並分享這個過程中的辛勞與美好的結果。領導者必須有前瞻性的思考、堅定的信念及果決的執行力，否則就如大海裡成千上萬的魚一樣，無法開創出自己的路，更無法帶領其他人朝共同的目標前進。

前瞻性的思考及執行力，有賴不斷的自我充實，在培養領導者十大特質的同時，領導者也要不斷自問，是否符合十項全能的條件，否則如何足以擔當大任，並迎接挑戰？

創新與變革

二〇〇三年十月，我前往日本參加由日本經濟新聞社主辦的「二〇〇三年世界經營者大會」，聆聽許多成功企業執行長的演講，收穫很多，也發現要成爲一流的企業，專注核心事業的經營相當重要。另外，供應鏈的管理與現金流量的控管，也是企業永續經營的重頭功課。

這個會議邀請到的主講者，包括奇異（GE）公司總裁伊梅爾特（Jeffery R. Immelt），以及瑞士日內瓦IMD、日本松下電器、豐田汽車、武田藥品、朝日啤酒、東芝、佳能（Canon）等知名企業的社長或執行長。

這些企業在不同的產業領域都是佼佼者，經營者提出的論點幾乎都不脫企業變革與創新。顯然，即使是全球一流的企業，也必須不斷變革、自我超越。

例如，豐田汽車社長張富士夫說：「企業的大變革，最重要得選對時間點。但從每日工作的方法中，就可以進行許多小的改善，累積出小的變化與動力，這樣的變革對企業反而更重要。」

他也提到，單純的長期穩定雇用制度，並不是企業競爭力的泉源，經營者必須努力促進第一線基層人員發揮創意，才能提升企業的競爭力。

這也就是我平日常鼓勵同仁的「用心就有用力之處」，以及多年來推動執行的提案制度，希望每位員工能盡量主動發現問題，提案解決，共同參與企業的經營。

愈是基層員工，往往愈知道問題的所在，只要敏銳觀察周遭的環境、關注顧客的需求、檢視每一個環節，就不難發現許多改善和成長的空間。積少成多的變革，最不易遭遇阻力，也最不耗費企業成本，還可化解企業潛在的危機。企業平日就建立變革的文化及氣氛，即可鼓勵員工創新，發揮更大的潛能。

松下電器的社長中村邦夫提到，「企業衰退的原因在於驕傲與自我滿足」；瑞士日內瓦IMD的執行長Dr. Peter Lorange則指出，企業的成長，一定要突破自我滿足與傲慢，而且「經營者不應只顧追求事業的規模，而是要不斷追求革新」。

近幾年來，我也經常提醒內部同仁，公司應追求的是如何讓加盟主獲利提升，而不只是追求店數的成長。要讓加盟主獲利提升，就要靠持續且全方位的經營革新動力。因爲與消費者生活脈動息息相關的零售業者，若自滿於定型化的運作，一定會被市場淘汰的。

所謂的經營革新，包括成本的下降、行銷手法不斷翻新、新商品開發、新通路的拓展、內部的組織變革、資訊科技的不斷提升等。

在全球經營者大會中，日經流通新聞也發表一份全球零售業的排名統計，其中蟬聯第一的是沃爾瑪（Wal-Mart）百貨，而它便是一個最好的例子。即使已是世界第一，卻還是不斷地自我超越，在堅持好的營運守則的同時，也持續管理革新，並運用新科技提高效率，以最快的速度滿足消費者。

消費趨勢的創造者

在二〇〇三年即將結束時，環顧7-ELEVEN門市裡陳列的商品，觀察人們在店內的消費行爲，再回顧這二十五年來，7-ELEVEN一路走來的歷程，欣慰之感油然而生。

這一、兩年，從門市裡國民便當、奮起湖便當、御料理、我的健康日記，到宅急便、年菜預購及各種代收服務等的推出與熱銷情況，可以看出，人們的生活，與便利商店的關係愈來愈深，這不是商品行銷人員閉門造車、誤打誤撞的結果，實際上，變化快速的便利商店貨架，正是台灣社會變遷進步的縮影。

透過POS資訊系統，及用心觀察，我們能夠掌握隱隱未現的需求與轉變，再藉商品和貨架，來引導消費者演出這一場又一場的生活故事。

所以，不但市面上有「便利商店」遊戲軟體，「7-ELEVEN之戀」的國片，甚至網路上也出現一篇「7-ELEVEN社會學」的文章，分析從貨架上商品結構的汰換，印證台灣社會的轉變。

文中指出，貨架空間有限的便利商店，商品的進與出，就是社會生活方式的新生與死亡，這種商店的經營形態，也正是觀察消費動向的最佳視窗。

這樣的描述其實一點也不爲過，也印證了我常說的，從消費者情境思考，貼近消費需求，是事業經營成敗的關鍵。唯有如此，才能滿足市場需求，甚至創造需求，引領消費趨勢，並在其中掌握到商機。

我忍不住想，如果當年我們沒有投資POS，今天是何種光景？

同樣的，如果當初沒有開發飯糰、三明治，推出御便當等鮮食，今天又會是什麼局面？

可以確定的是，如果當年沒有做這些投資與努力，今天一定會後悔。經營事業，不論景氣好壞，就是要不斷的自我挑戰、追求突破，看準趨勢，堅持到底。

今天7-ELEVEN門市中的許多商品或服務，以及基礎建設，都是當年許多同仁或外界認爲不可行，或不可能成功的事，在推動的過程中，固然都遭遇過很多的困難與挫折，但事實證明，如果當初沒有做，統一超商一定沒有今天，消費者的生活將會是截然不同的風貌。

台灣鮮食產業，在便利商店鮮食開發生產的引導帶動下，如今成爲新興的投資重點，爲原物料商及食品加工業創造第二春的生機，鮮食商品的上架，受惠的何止是通路與消費者？

無論是經營通路或生產事業，都不能坐以待斃，必須以靈活的概念，時時用心觀察環境的改變，預見潛在的消費需求，並主動去開發、滿足。在經營上，也要找出適合自己的路，而非一味跟隨他人的模式抄襲。

台灣7-ELEVEN固然是循日本7-ELEVEN的路開始，也引用他們很多成功的經驗與模式，甚至統一超商流通次集團的三十二家公司中，也有十家與日本有合作關係，但因應都市規劃、商圈發展與生活形態仍有差異，本土化與變革創新的努力不曾中斷，所以才能被本地消費者接受。

身爲市場的領導者，更須以「消費趨勢的創造者」自許，不怕被抄襲，眼光放遠，看到未來的趨勢需求。

有人說，統一超商是台灣便利商店產業的研發中心，許多產品或經營方式，都由此而誕生，同時爲業界樹立許多規格與遊戲規則。我想，這樣的評價，也更鼓勵我們要不斷爲消費者創造更美好的生活而努力！

學習才會贏

二〇〇三年底，在統一超商流通次集團的年度計畫發表會上，大家檢視過去一年的成績、展望新計畫時，我特別強調，隨著環境改變，「企業價值」的衡量評估重點，已由「質」取代「量」，「價值」取代「價格」，而且「利潤」表現更甚於「營業額」。

所以，企業經營者及個人的價值觀和經營觀，也必須適時調整。

如今統一超商流通次集團旗下大部分的公司已步上軌道，且大都已有獲利，對一路走來、辛勤耕耘付出的所有同仁，是一件值得高興的事。

事業的經營，追求獲利很重要，否則不足以自給自足，更遑論成長發展。但更重要的是，經營者必須爲了自己心中的理想及目標而努力，而非爲了個人的利益。

在時代與經濟環境變化愈來愈快速的今天，我深信，唯有不斷突破事業或工作的瓶頸，才有生存的空間。瓶頸的突破則來自觀念的改變、態度的調整。

例如，企業價值是來自社會的評價，但「價值」的評估重點，已從量變成質。過去大家常強調營業額與市場占有率，畢竟營業額與市場占有率愈大，可確保更多人有工作，讓員工有更安定的生活。

但在二十一世紀的今天，企業應轉而朝「質」的經營方向來走，在注重企業利益之餘，也要更關注股東獲利、顧客滿意、社會貢獻以及員工滿意。

要做到企業「體質」的提升，應先把每個部門或個人都當成一個企業來經營，並透過卓越的領導者，經常不斷思考如何透過獨特的商業模式(Business Model)，發揮更高的效益，同時把焦點集中，用優越的組織能力來達到其目的。

至於所謂的卓越的領導者，我認爲必須具備「解讀未來的能力」，在下決策後，滿懷勇氣勇往直前，徹底執行，並針對每個細節一一確認，快速修正、全盤掌握，如此才能讓企業的經營品質水準不斷提升。

也就是說，這是一個「量」變成「質」，由「價格」變成「價值」，「利潤」比「營業額」更重要的時代，唯有透過焦點經營、包容異見、組織能力的強化、全員顧客導向等各方面的努力，以及總體性的掌握，才能眞正立於不敗之地。

日本大和運輸的宅急便，把郵局的不方便變成轉型經營的機會點，7-ELEVEN把顧客的不方便變成營業的新領域，提供各種代收、預購服務等，都是最好的例子。

《第五項修練》這本書受到台灣媒體與企業的熱烈討論，其中種種觀點的確値得推廣、落實。企業可以透過學習型組織，持續精益求精，以「重視品質、提升水準」爲目標，任何工作，不論是商品研發、服務流程到包裝或容器設計等小細節，都不應有絲毫輕忽。

大家常說，要「拚」才會贏，但我覺得要「學習」才會贏，不斷從學習當中求進步，堅持對品質或水準的要求，才能讓企業的表現眞正令人刮目相看。

願景，是企業所有員工的共同夢想，沒有願景，就沒有前進的動力與目標，過去，我曾在內部提出7-ELEVEN理想國的構想，這個想法，不是一種野心，其實是鼓勵每位同仁，不要被動等待環境改變，條件資源更多，而是站在自己的崗位上，全力以赴。

只要如此，整個企業體就會發展得更好，員工也會視工作爲樂趣，視目標爲理想的實踐。在這樣的氣氛下，我們引進各種消費者需要的新事業，爲企業引入活水，同時提供更多舞台讓員工發揮，成就自己。眾志成城，理想國就是這樣打造出來的。

同樣的，只要持續學習成長，自我突破，我們也有機會實踐「台灣第一，世界一流」的願景。

傾聽新浪潮，捕捉新創意

一家小企業的老闆，最近為了更新企業和產品商標，特別針對廣告系學生舉辦了一次設計競賽，同時不限制表現手法。

結果，這項設計競賽，包含獎金和活動費用，只花了二十萬元左右，就讓這家小企業得到很好的創意。

早期，統一超商曾經透過網路，舉辦「三明治網路料理王」競賽，引起很大的回響。這個活動，不但讓我們與年輕的網路族群有直接的互動，也讓統一超商鮮食開發人員從中獲得許多商品開發的靈感。

聯廣公司董事長賴東明先生，同時也是好鄰居基金會的董事長，他個人出資與三所大專院校傳播學院合作推動的「明梅廣告獎」，二〇〇三年以「clean up the world」（清潔地球環保台灣）活動爲主題，讓學生進行比稿提案，讓好鄰居基金會從中得到不少寶貴的創意，對推廣這項公益活動很有助益。

前一陣子，幾個在美國柏克萊大學念研究所的台灣學生，在電腦資訊系統方面有不錯的構想，主動向統一超商提案。於是我們提撥一筆經費，讓他們與資訊人員合作，完成幾個方案，這些方案，對於我們在未來資訊系統的發展相當有參考價值。

未來，統一超商會持續朝此方向發展，根據本身營運發展的需要，規劃出一些方案，找年輕學子及學校合作，希望能藉此運用年輕一代的創新思維與觀念，激盪出更多美好的火花。

這一類結合年輕人創意的活動，固然能讓企業花小錢，得到技術、行銷或營運的新點子，但更重要的是，它能對年輕一代產生很大的鼓舞作用。更廣義來看，這不但是善用社會資源，更是新世紀提升國家競爭力的一個重要關鍵。

我們常說，年輕人是未來社會及國家的主人翁，除了家庭及學校教育，企業也可以更積極地參與培養下一代的工作，最直接的方式就是透過舉辦活動，或與學校研究機構合作，讓年輕學子的創意與活力，可以得到適當正確的引導與發揮。

當企業、公益團體與學校攜手合作，提供年輕熱情的心與創意更多發揮的舞台時，許多美好的原創因子可以串連起來，經過企業化、系統化的整合運用，說不定可以轉化爲成功的創意或商品，甚至是有龐大潛在商機的商業模式。

尙未經過社會化的年輕人，因爲沒有框架的束縛，也因爲不夠實際，往往擁有豐富的原創性，這些正是企業所欠缺而迫切需要的，所以，要設法把這些好的創意或設計予以系統化、商業化，成爲具體可行的商業方案。

這樣的過程並不容易，可說是今天企業與社會最大的挑戰，卻是值得努力的方向，一旦能突破轉化的瓶頸，台灣的競爭力將可大幅提升。

今天的企業，不一定凡事都要靠自己投資才能發展，善用外部資源，除了指其他的企業或專業，也應包含學校資源，這也是一種「借力使力」的策略。

台灣目前面臨前所未有的失業壓力，企業在經營成本與人事精簡的考量下，即使不能多提供就業機會，卻可透過合作或活動的方式，讓各大專院校培養的專才，有其發揮的空間。不只如此，企業也可以找到合適的人才。

年輕人最珍貴的是一顆易感的心，以及豐沛的創意，這些無形的資產在加入企業工作後，卻很容易被忽略、磨損。所以，如何讓他們保持剛踏入社會的熱情、活力、創意，以及持續前進的動力，愈挫愈勇，最後成爲可用的幹才，是企業主管和經營者的重要責任。

每年，我都會安排時間，與公司內的新進人員座談或面對面溝通，聽聽他們的想法。資深同仁適度的引導，善用年輕同仁的創意與活力，讓他們從工作與挫折中成長，可以讓企業人力資源充分發揮，最重要的是，不至於澆息那顆熱切、躍動的心。

看似無情卻有情

有人問我：「生活中最大的快樂是什麼？」

我也經常問員工：「你們快樂嗎？」

如果每位員工都能從工作中得到快樂，不斷學習成長，就是我最大的快樂。

相反的，如果員工只抱著「爲五斗米而折腰」的心情來上班，這樣不但生活不快樂、沒有意義，對企業也不會有所貢獻。所以，我最在意的是，如何營造良好的工作環境與發展機會，提供舞台，讓員工持續從工作中學習成長，並從中得到快樂。

統一集團董事長高清愿先生經常對我說，經營企業最重要的就是培養人才。所謂人才，就是指「可用之才」。但一個人是否「可用」，其實全看主管如何培養與運用。

由於轉投資事業的不斷增加，我們通常以 one person one project 的專案專人方式，讓年輕的幹部，從新事業的研究階段就參與，並大小事一肩挑，在制度的監督與資深主管的協助下，從實做中磨練成長。這樣人才養成的速度快，專案負責人也會全心投入。

作爲經營者或主管，不能自以爲是，認爲部屬都不如自己，不敢賦予重任。其實，只要肯學肯做、盡心盡力的人，就可以成爲人才。我常對同仁說，除非自我放棄，否則在公司裡一定會有發展的空間與機會。

企業因發展及環境的因素，在不同的階段，需要由不同「特質」的人經營，因此組織和人事常會調整變動。身爲經營者，應對每一次的人事布局，都經過周詳的思考安排，力求適才適所、公正客觀，並兼顧組織需求和個人發展。儘管如此，偶爾仍難免會引起內部的揣測，當事人也因此而不安。

我自認是個重情義的人，在公司服務二十五年，與許多主管都有數十年並肩作戰的共事情誼，有些讓人看似「意外」的人事安排，其實都「用心良苦」，正所謂「看似無情卻有情，看似有情卻無情」，主要目的不只是有利主管幹部個人生涯的成長、發展、突破，也有利於組織活化。

經營者在安排人事時，若一味地受制於同事情誼與個人好惡，而忽略組織的需求與人才的特性與瓶頸，就是不智。但只考慮組織發展需要，完全不顧同仁的性向、生涯發展與組織倫理，就是不近人情，長久下來，也無法凝聚向心力。

在今天這種高度競爭的環境中，企業內的每個成員，要明確體認，以撞鐘心態原地踏步、一個職務做到退休的時代已經過去了，大家必須不斷充實自我、學習他人、揚棄本位主義、互相包容，整個組織才會更壯大。

統一超商流通次集團的子公司不斷衍生，高階主管適時輪調，除了可以活化組織，也可讓每個子公司總經理易地而處時，更能站在他人立場，設身處地，體會資源共享、互助合作的重要性，並加以貫徹，如此整個集團的整合效益才會更好。單一公司的各部門主管輪調，也有同樣的效益。

經營者的用人哲學，不可一成不變，必須隨環境和內部需求不斷調整，就像棒球賽的教練，球局賽況變化大，每一局調兵遣將的作法都不一樣，絕不能僵化，才能一棒接一棒地擊出安打得分或成功防守。

今年春節後，我參加了流通次集團投資的統一速達宅急便的所長會議，感觸頗深。二〇〇三年中，統一速達日籍總經理回任日本，我便安排原統一超商營運群主管黃千里接任總經理一職。

我的考慮是，統一速達在起飛期，需要有豐富業務發展經驗的人才，黃總經理在超商營運和發展部門工作多年，一路走來，曾參與統一超商達成一千家店、兩千家店等重要里程碑，應是最合適的人選。

二〇〇三年統一速達在經過多年虧損後，快速成長，年底結算，雖仍有赤字，但已比前一年大幅降低，眼看今年就可轉虧爲盈，未來勢必是流通次集團的明星事業。

這樣的成果，讓我感到很欣慰，也證明當初的人事安排是正確的，不但對整體集團有利，對高階主管也是再次的肯定。

改變一生的相逢：徐重仁對工作與生活的觀想

2004年3月初版 定價：新臺幣280元

口述 徐重仁
整理 王家英
發行人 劉國瑞

出版者 聯經出版事業股份有限公司
台北市忠孝東路四段555號
台北發行所地址：台北縣汐止市大同路一段367號
電話：(02)26418661
台北忠孝門市地址：台北市忠孝東路四段561號1-2樓
電話：(02)27683708
台北新生門市地址：台北市新生南路三段94號
電話：(02)23620308
台中門市地址：台中市健行路321號
台中分公司電話：(04)22312023
高雄辦事處地址：高雄市成功一路363號B1
電話：(07)2412802
郵政劃撥帳戶第0100559-3號
郵撥電話：26418662
印刷者 世和印製企業有限公司

責任編輯 顏惠君
校對 呂佳真
封面設計 胡筱薇
封面攝影 華之影公司

行政院新聞局出版事業登記證局版臺業字第0130號

本書如有缺頁，破損，倒裝請寄回發行所更換。
ISBN 957-08-2687-8（精裝）
聯經網址 http://www.linkingbooks.com.tw
信箱 e-mail:linking@udngroup.com

國家圖書館出版品預行編目資料

改變一生的相逢：徐重仁對工作與
生活的觀想 / 徐重仁口述．王家英整理．
--初版．--臺北市
聯經，2004年（民93）
248面；13×19公分．

ISBN 957-08-2687-8(精裝)

1.生活指導 2.成功法

177.2 93003033